EDAF
MADRID - MÉXICO - BUENOS AIRES

DORIS MÄRTIN y KARIN BOECK

EQ

Qué es inteligencia emocional

Cómo lograr que las emociones
determinen nuestro triunfo en todos
los ámbitos de la vida

PSICOLOGÍA Y AUTOAYUDA

Título del original:
EQ - GEFÜHLE AUF DEM VORMARSCH

Traducido por:
ANA TORTAJADA

© 1996. Wilhelm Heyne Verlang GmbH & Co. KG.
© 1997. De la traducción, Editorial EDAF, S. A.
© 1997. Editorial EDAF, S. A. Jorge Juan, 30. 28001 Madrid.

Para la edición en español por acuerdo con WILHELM HEYNE VERLAG,
Munich, Alemania.

Dirección en Internet: http://www.arrakis.es/~edaf
Correo electrónico: edaf@edaf.net

Edaf y Morales, S. A.
Oriente, 180, n° 279. Colonia Moctezuma, 2da. Sec.
C. P. 15530. México, D. F.
Dirección en Internet: http://www.edaf-y-morales.com.mx
Correo electrónico: edaf@edaf-y-morales.com.mx

Edaf y Albatros, S. A.
San Martín, 969, 3.°, Oficina 5.
1004 - Buenos Aires, Argentina
Correo electrónico: edafal3@interar.com.ar

7.ª edición, mayo 2000

Depósito legal: M. 19.638-2000
ISBN: 84-414-0206-X

PRINTED IN SPAIN   IMPRESO EN ESPA
IBÉRICA GRAFIC, S. L. - FUENLABRADA - MADRID

Índice

Primera parte

¿A qué se llama ser inteligente?

Contra la sola razón

¿CÓMO CONSIGUE UN ANTIGUO ACTOR de segunda fila convertirse en presidente de los Estados Unidos? ¿Cómo puede llegar a ser creador de la Teoría de la Relatividad y Premio Nobel un niño pausado, que fracasó en la escuela? y ¿por qué a los niños superdotados a menudo les resulta tan difícil encontrar su camino en la vida?

Lo que resulta evidente en cualquier encuentro de antiguos alumnos, ahora puede, por fin, demostrarse de manera científica: el mero hecho de obtener buenas notas en el colegio y de tener un elevado cociente intelectual no es suficiente. El éxito en la vida —tanto a nivel privado como profesional— viene determinado en un 80 por 100 por otros factores muy distintos. Entre ellos se encuentran el origen social, una dosis de suerte, pero sobre todo el manejo inteligente de las emociones propias y ajenas.

Esto no resulta sorprendente si se analiza de manera consciente la gran variedad de cualidades que se valoran en el mundo. En la actualidad, ya no sólo se considera una persona de éxito al clásico académico: al astrofísico, a la investigadora genética o al catedrático de universidad.

Entre los héroes de nuestros días se cuentan también el especialista en conflictos laborales que en un breve espacio de tiempo consigue levantar una empresa arruinada; la deportista que, sobreponiéndose a la derrota del día anterior, establece en la siguiente competición un nuevo récord mundial; la estudiante que permanece al lado del compañero de estudios enfermo de sida durante sus últimas semanas de vida; el psicólogo de la policía que convence a un secuestrador para que se rinda. Nadie discutirá que todas estas acciones requieren un comportamiento inteligente y un alto grado de competencia.

Y esto significa que debemos dar un nuevo sentido al concepto tradicional de inteligencia. En un mundo cada vez más complicado y complejo, la inteligencia debe abarcar más ámbitos que la capacidad de abstracción, la lógica formal, la comprensión de complejas implicaciones y amplios conocimientos generales. También deberá incluir méritos como la creatividad, el talento para la organización, el entusiasmo, la motivación, la destreza psicológica y las actitudes humanitarias; cualidades emocionales y sociales, por lo tanto, a las que antes se hacía referencia con un término que hoy ya está pasado de moda: el «carácter» o la «personalidad».

Siento y pienso, luego existo

E N TODAS LAS ÉPOCAS, la filosofía, la medicina y la psicología no sólo han buscado explicaciones para el modo como funciona la razón, sino también para el origen y los efectos de las emociones.

Breve historia de la investigación sobre las emociones

Ya en la Grecia antigua, el cosmólogo Empédocles (hacia 450 a. C.) formulaba a grandes rasgos la teoría de los cuatro tipos de temperamento: colérico, melancólico, sanguíneo y flemático. Empédocles creía que el cuerpo humano —como todas las formas terrenales— se componía de cuatro elementos: fuego, tierra, aire y agua. Relacionó estos cuatro elementos con los cuatro humores corporales: la bilis roja y la negra, la sangre y las mucosidades.

Con ello, Empédocles estableció las bases para una psicología, determinada de manera primordial por los humores corporales. Asociaba la bilis roja, caliente y seca, *choler,* con el fuego; la bilis negra, *melancholie,* con la tierra fría y seca; la sangre caliente y húmeda, *sanguis,* con el aire, y las mucosidades frías y húmedas, *phlegma,* con el agua.

La excesiva expansión de uno de estos humores por el cuerpo se consideraba la causa de determinados estados anímicos y predisposiciones del carácter: todavía son conceptos actuales el irritable y explosivo colérico, el pesimista y deprimido melancólico, al abierto y divertido sanguíneo y el lento y apático flemático.

La psicología del Renacimiento —encabezada por Robert Burton con su obra en tres tomos *Anatomy of Melancholy*— amplió y perfeccionó esta sistematización. Burton y sus contemporáneos elaboraron una tesis, según la cual la composición de los humores corporales, y, en consecuencia, el equilibrio anímico del ser humano, era sensible a influencias externas como la alimentación, la edad y las pasiones. Supusieron, por ejemplo, que las pasiones frías y secas como la tristeza y el temor provocaban que el bazo generara una hipersecreción de humor biliar negro y al mismo tiempo encogían el corazón. En oposición a estas facultades anímicas, inferiores y animales, estaba la razón, que capacitaba a los seres humanos para el enjuiciamiento de las cosas y el discernimiento entre el bien y el mal.

Otro hito en la psicología de las emociones fue la publicación de Charles Darwin, *La expresión de las emociones en el hombre y en los animales* (1872). Darwin intentaba demostrar que existen esquemas de comportamiento congénitos para las emociones más importantes, como la alegría, la tristeza, la indignación o el miedo. Observó que determinadas emociones desencadenan parecidas reacciones mímicas, anímicas y psicológicas en todas las personas. Por ejemplo, en la mayoría de los seres humanos la temperatura de la piel desciende cuando están tristes o deprimidos, mientras que la ira y la agresividad hacen su aparición acompañadas de oleadas de calor.

Por lo tanto, también Darwin estableció una relación entre experiencias emocionales y componentes biológicos. Con el nacimiento de la psicología como ciencia, durante la segunda mitad del siglo XIX, esta teoría biológica de la investigación de las emociones quedó relegada, durante mucho tiempo, a un segundo plano. Hasta hace poco, la psicología no se ha interesado más que de modo marginal por establecer cómo y en qué medida los procesos anímicos son atribuibles a procesos físicos y bioquímicos, sino que se ha dedicado a estudiar ante todo el comportamiento que puede observarse externamente. Hasta muy avanzada la década de los años ochenta, los procesos de percepción psicológicos eran en la psicología una auténtica *black boxes*. Desde Freud, el entorno y la educación, las experiencias de la primera infancia y la socialización cultural se han considerado los factores decisivos para la formación de la personalidad y del carácter. En casi todas las teorías sobre las emociones, la neurobiología de las emociones juega un papel secundario.

Y eso a pesar de que durante ese mismo tiempo, los fisiólogos y neurocientíficos han conseguido ampliar de manera asombrosa los conocimientos sobre las bases neuronales del comportamiento emocional. Sin embargo, los resultados de su investigación encontraron muy poca notoriedad entre los psicólogos y amplios sectores de la opinión pública.

Dicho de un modo más sencillo: mientras la medicina y los experimentos neurocientíficos se ocupaban del cerebro humano, la psicología se dedicaba sobre todo a la observación, medición, clasificación y terapia del comportamiento humano. Apenas había puntos de contacto entre los investigadores del cerebro y los psicólogos; los psicólogos y los biólogos son —como escribe Howard Gardner— «habitantes de mundos distintos».

El caso Elliot: saber sin sentir

Esto tendrá que cambiar en el futuro. Con el transcurso del tiempo, la investigación del cerebro ha demostrado de forma irrefutable que los procesos emocionales —al igual que los cognitivos— pueden explicarse por el funcionamiento combinado de hormonas y neuronas. Todo cuanto sentimos y pensamos es el resultado de complejos procesos de asociación e interacción de las células nerviosas del cerebro, que, a su vez, se comunican, mediante fibras nerviosas y hormonas, con el sistema inmunológico y las glándulas de secreción interna. Con este conocimiento, la neurobiología confirma que los científicos de épocas anteriores como Empédocles, Burton y Darwin estaban en el camino correcto con sus teorías.

Entre aquellos que aportan algunas de las pruebas más contundentes acerca del funcionamiento combinado de la razón y las emociones, se encuentra el neurólogo estadounidense Antonio Damasio. Uno de los pacientes de Damasio, Elliot, era el prototipo del americano lleno de éxito; hasta que se le formó un tumor cerebral. El tumor, que era benigno, pudo ser extirpado pero no sin afectar a los lóbulos frontales del neocórtex.

Después de la operación, Elliot no era el mismo en muchos aspectos: ya no era capaz de distribuir su tiempo, se perdía en detalles secundarios intrascendentes, perdió un trabajo tras otro, se endeudó como consecuencia de aventuras financieras, su primer matrimonio y, poco después, el segundo fracasaron. A pesar de todo, superó con éxito el siguiente test de inteligencia a que se sometió. Su cociente intelectual era superior a la media. Tampoco su memoria, su aspecto y su lenguaje habían sufrido daños aparentes. Pero si la memoria, la inteligencia y el lenguaje estaban intactos, ¿a qué debía atribuirse entonces el preocupante comportamiento social y la mermada capacidad de enjuiciamiento de Elliot?

Damasio se encontraba ante un enigma. La clave, finalmente, se la dio la extraña indiferencia de Elliot ante su propia tragedia: *saber, sin sentir;* así podría resumirse quizás la triste situación de Elliot. A causa de las heridas en el lóbulo frontal, que habían afectado las conexiones neurológicas entre el cerebro pensante y el cerebro emocional, Elliot había sido literalmente separado de sus emociones.

Forma parte de la sabiduría universal que los sentimientos alteran el pensamiento: cuando estamos «ciegos de rabia», «enfurecidos como un toro de lidia» o «locamente enamorados», el propio lenguaje indica que la razón y el comedimiento en esas situaciones no tienen la más mínima oportunidad de éxito. Realizando investigaciones con pacientes como Elliot, a Damasio se le ocurrió contemplar la cuestión desde otro punto de vista: ¿no podía ser también la carencia de sentimientos causa a su vez de un comportamiento irracional?

En los últimos años se han ido acumulando pruebas que demuestran que el hecho de sentir, pensar y decidir presuponen un trabajo conjunto del cerebro emocional y del racional. Los neurólogos han puesto fin con ello a los viejos dualismos seculares entre el cuerpo y el alma, por un lado, y entre la razón y las emociones, por otro. Estos conocimientos revolucionarán —a corto o a largo plazo— tanto la psicología como el tratamiento de enfermos psíquicos.

Competencia para el cociente intelectual (CI)

Al mismo tiempo, la investigación en torno a la inteligencia se dispone en la actualidad a abandonar a su vez la ya superada segmentación entre pensar y sentir. A psicólogos como Robert Sternberg, Howard Gardner y Peter Salovey hay que agradecer que empiece a consolidarse un concepto mucho más amplio de la inteligencia. La idea de las múltiples inteligencias está sustituyendo el concepto unilateral de inteligencia abstracto-académica, que Alfred Binet, el padre de los test para determinar el CI, hizo arraigar hace cien años en todas las mentes.

Así, el psicólogo de Yale Robert Sternberg, sitúa al mismo nivel de la inteligencia analítica la inteligencia creativa y la inteligencia práctica, que son las que deciden en qué medida somos capaces de reaccionar correctamente ante los nuevos desafíos y de responder a las exigencias de la vida real. Howard Gardner va un poco más allá, ya que distingue siete inteligencias diferentes. Entre ellas se encuentran, por ejemplo, la inteligencia lingüística de los intérpretes simultáneos o de los autores de *best-sellers,* la inteligencia musical de Beethoven o de María Callas, la inteligencia corporal cinestésica de la patinadora sobre hielo y campeona olímpica Oxana Bajul o del tenista profesional Peter Sampra.

Los cinco elementos fundamentales de la inteligencia emocional

LA MODERNA INVESTIGACIÓN de la inteligencia atribuye un importante papel al conocimiento de uno mismo y a la sensibilidad frente a otros, lo que Gardner denomina inteligencia intrapersonal o interpersonal. A la vista de la importancia de la inteligencia personal, tanto en la vida profesional como en la privada, Gardner se plantea si no debería incluso situarse por encima de otras formas de inteligencia: «Como una forma de inteligencia más amplia; una inteligencia verdaderamente nueva; una forma destinada, en definitiva, a asumir el control sobre las inteligencias de "orden primario".»

A principios de los años noventa, el psicólogo de Yale Peter Salovey y su colega John Mayer de la Universidad de New Hampshire acuñaron para la inteligencia interpersonal e intrapersonal el gráfico nombre de «inteligencia emocional». La inteligencia emocional abarca cualidades como la comprensión de las propias emociones, la capacidad de saber ponerse en el lugar de otras personas y la capacidad de conducir las emociones de forma que mejore la calidad de vida.

Sin embargo, el tema despertó la atención mundial gracias al psicólogo de Harvard Daniel Goleman, de cuyo libro, *Inteligencia emocional*, se vendieron, en pocos meses, sólo en Estados Unidos, medio millón de ejemplares. Resulta evidente que el planteamiento de no considerar a la «fría razón» como medida de todas las cosas tocó un punto sensible de nuestros tiempos, aunque sea algo que apenas sorprenda al sentido común.

El mérito de Salovey y Mayer estriba en que concretaron qué es lo que de hecho integra la competencia emocional. Identificaron cinco capacidades parciales diferentes:

Reconocer las propias emociones.—Poder hacer una apreciación y dar nombre a las propias emociones es uno de los sillares de la inteligencia emocional, en el que se fundamentan la mayoría de las otras cualidades emocionales. Sólo quien sabe por qué se siente como se siente puede manejar sus emociones, moderarlas y ordenarlas de manera consciente.

Saber manejar las propias emociones.—Emociones como el miedo, la ira o la tristeza son mecanismos de supervivencia que forman parte de nuestro bagaje básico emocional. No podemos elegir nuestras emociones. No se pueden simplemente desconectar o evitar. Pero está en nuestro poder conducir nuestras reacciones emocionales y completar o sustituir el programa de comportamiento congénito primario, como el deseo o la lucha por formas de comportamiento aprendidas y civilizadas como el flirteo o la ironía. Lo que hagamos con nuestras emociones, el hecho de manejarlas de forma inteligente, depende de la inteligencia emocional.

Utilizar el potencial existente.—«Un 10 por 100 de inspiración, un 90 por 100 de esfuerzo»; esta sentencia popular da en el clavo: un elevado cociente intelectual, por sí sólo, no nos convierte ni en el primero de la clase, ni en Premio Nobel. Los verdaderos buenos resultados requieren cualidades como la perseverancia, disfrutar aprendiendo, tener confianza en uno mismo y ser capaz de sobreponerse a las derrotas.

Saber ponerse en el lugar de los demás.—Los estudios sobre la comunicación parten de la base de que alrededor del

90 por 100 de la comunicación emocional se produce sin palabras. La empatía ante otras personas requiere la predisposición a admitir las emociones, escuchar con concentración y ser capaz también de comprender pensamientos y sentimientos que no se hayan expresado verbalmente.

Crear relaciones sociales.—En todo contacto con otras personas entran en juego las capacidades sociales: en el trato con los clientes, en la discusión con la pareja, en las entrevistas de presentación, durante el *small talk* en el *foyer.* Que tengamos un trato satisfactorio con las demás personas depende, entre otras cosas, de nuestra capacidad de crear y cultivar las relaciones, de reconocer los conflictos y solucionarlos, de encontrar el tono adecuado y de percibir los estados de ánimo del interlocutor.

Salovey y Mayer defienden la tesis de que las cualidades emocionales por ellos descritas pueden aprenderse y desarrollarse. En primerísimo lugar, esto se consigue mediante el esfuerzo por percibir de manera consciente las propias emociones y las de los demás. La atención es la base para una mejor gestión de las propias emociones y un trato más consciente con las otras personas. Un esfuerzo que vale la pena, ya que la competencia emocional influye en todos los ámbitos clave de la vida.

Un test de inteligencia algo distinto

TANTO LOS DEFENSORES como los críticos de la inteligencia emocional dudan que sea posible describir y medir la inteligencia emocional de la misma manera que la cognitiva por medio de un solo valor numérico. Posiblemente, las cualidades emocionales sean demasiado diversas y diferentes como para medirlas todas con un mismo rasero: algunas personas pueden manejar bien las agresiones, pero están desamparadas frente a sus miedos. La sensibilidad ante los sentimientos de los demás no significa en absoluto que se tenga facilidad para establecer contacto con rapidez con personas desconocidas. Por otro lado, está demostrado que determinados aspectos de la inteligencia emocional como el optimismo o la serenidad pueden cuantificarse sin problema alguno.

Sea como fuere, hasta el momento todavía no hay ningún test del cociente emocional (CE) científicamente probado. A pesar de ello, Daniel Goleman ha introducido en *Internet* un cuestionario no oficial, que nosotros hemos reelaborado y abreviado. Así, el lector puede por lo menos averiguar a grandes rasgos cómo anda de inteligencia emocional.

Las preguntas

Marque en cada caso la respuesta que se aproxime más a su comportamiento.

1. Está sentado en un avión sacudido por fuertes turbulencias. ¿Cómo se comporta?

   a) Sigue leyendo tan tranquilo su libro sin dar gran importancia a las turbulencias.
   b) Intenta calcular la gravedad de la situación observando el comportamiento de las azafatas y, en previsión de lo que pueda pasar, comprueba que tiene su salvavidas.
   c) Algo de ambas cosas.
   d) Ni idea; ni siquiera me he dado cuenta.

2. Ha ido al parque con su hija y unos cuantos niños del vecindario. De pronto, uno de los niños se echa a llorar porque los otros no quieren jugar con él. ¿Cómo reacciona?

   a) Se mantiene al margen; los niños deben arreglar solos sus diferencias.
   b) Junto con el niño busca el modo de convencer a los otros para que le permitan jugar.
   c) Le pide con amabilidad que no llore.
   d) Intenta distraer al niño que llora con un juguete.

3. Ha suspendido un examen parcial en el que había previsto obtener una buena nota. ¿Cómo reacciona?

   a) Establece un plan de trabajo para mejorar la nota en el siguiente examen y se propone seguir al pie de la letra el plan.
   b) Se propone esforzarse más en el futuro.
   c) Se dice que la nota en esa asignatura no es tan importante y se concentra, en lugar de en ella, en otras asignaturas en las que ha sacado mejor nota.

d) Habla con el profesor y le pide una revisión de examen.

4. Usted trabaja en ventas por teléfono. Quince clientes con los que ha contactado han rechazado su llamada. Poco a poco se va desanimando. ¿Cómo se comporta?

   a) Lo deja por hoy y espera tener más suerte mañana.
   b) Se detiene a pensar cuál podría ser la causa de que hoy no tenga éxito.
   c) En la siguiente llamada lo intenta empleando una nueva táctica y se dice que no hay que rendirse con facilidad.
   d) Se pregunta si ése es el trabajo adecuado para usted.

5. Intenta tranquilizar a una amiga que está muy alterada después que el conductor de otro coche haya invadido peligrosamente su carril, sin respetar las distancias, después de haberla adelantado. ¿Cómo se comporta?

   a) Le dice: olvídalo, al fin y al cabo no ha pasado nada.
   b) Pone la cinta preferida de su amiga para distraerla.
   c) Se une a sus expresiones de indignación para mostrarle su solidaridad.
   d) Le cuenta que hace poco, en una situación semejante, reaccionó igual pero que luego vio que el otro coche era una ambulancia.

6. Una pelea entre usted y su pareja ha ido subiendo de tono. Ambos están muy alterados y se atacan el uno al otro con reproches que no vienen al caso. ¿Qué es lo mejor que puede hacer?

   a) Ponerse de acuerdo para establecer una pausa de veinte minutos y seguir discutiendo luego.

b) Dejar de discutir y no decir ni una sola palabra más.

c) Decir que lo lamenta y pedir a su pareja que también se disculpe.

d) Recuperar el control, reflexionar un momento y exponer entonces su visión de las cosas lo mejor que pueda.

7. Su hijo de tres años es extremadamente tímido y desde que nació reacciona con miedo ante las personas y los lugares desconocidos. ¿Cómo se comporta usted?

a) Acepta que su hijo es tímido por naturaleza y piensa en cómo poder protegerlo de situaciones que lo alteran.

b) Consulta con un psicólogo infantil.

c) Confronta de forma consciente al niño con el mayor número posible de personas e impresiones desconocidas para que supere su miedo.

d) Le facilita a su hijo experiencias que lo animen a ir saliendo de su retraimiento.

8. De niño aprendió a tocar el piano, pero durante años no ha vuelto a tocar. Ahora quiere por fin volver a empezar. ¿Cuál es la forma más rápida de obtener buenos resultados?

a) Practicar cada día a una hora determinada.

b) Elegir piezas que suponen un desafío pero que puede llegar a aprender.

c) Practicar sólo cuando de verdad tiene ganas de hacerlo.

d) Elegir piezas muy difíciles que sólo podrá aprender con el correspondiente esfuerzo.

Las respuestas

Pregunta 1: a = 20 puntos, b = 20, c = 20, d = 0.

D como respuesta pone de manifiesto que no es consciente de sus propias reacciones ante el estrés.

Pregunta 2: a = 0, b = 20, c = 0, d = 0.

B es la mejor respuesta. Los padres que disponen de una inteligencia emocional utilizan los sentimientos negativos de sus hijos como ocasión para un entrenamiento emocional. Ayudan a sus hijos a comprender el motivo de su alteración, a percibir sus emociones y a buscar posibilidades de actuación alternativas.

Pregunta 3: a = 20, b = 0, c = 0, d = 0.

La mejor respuesta es a. La capacidad de motivarse a sí mismo se manifiesta, entre otras cosas, en la capacidad de desarrollar un plan de acción y llevarlo a cabo.

Pregunta 4: a = 0, b = 0, c = 20, d = 0.

La mejor respuesta es c. El optimismo es señal de inteligencia emocional. Los optimistas ven las derrotas como desafíos de los que pueden aprender. En lugar de autoinculparse y desesperarse, se mantienen firmes e intentan algo nuevo.

Pregunta 5: a = 0, b = 5, c = 5, d = 20.

La mejor respuesta es d. Una persona furiosa se tranquiliza con mayor rapidez cuando se le ofrece una explicación para su indignación. También le sirve de ayuda que se intente distraer el motivo de su enfado y se le muestre que puede dar rienda suelta a su indignación.

Pregunta 6: a = 20, b = 0, c = 0, d = 0.

La mejor respuesta es a. Es recomendable establecer una pausa de veinte minutos —o más prolongada— en la discusión, porque ése es el tiempo que se necesita para que el cuerpo se tranquilice. Mientras el pulso de uno o de ambos oponentes se encuentre a 180 pulsaciones, la capacidad de percepción para los sentimientos y argumentos del otro están bloqueados.

Pregunta 7: a = 0, b = 5, c = 0, d = 20.

D es la mejor respuesta. Los niños que por naturaleza son tímidos pierden sus inhibiciones con mayor facilidad si son confrontados paso a paso con las situaciones que desencadenan su miedo.

Pregunta 8: a = 0, b = 20, c = 0, d = 0.

En el caso de desafíos factibles es cuando puede desarrollarse mejor el potencial de rendimiento existente.

La valoración

Hasta 60 puntos: Debería leer este libro sin falta; al contrario de lo que sucede con el cociente intelectual (CI), el coeficiente emocional puede mejorarse con relativa facilidad.

80 puntos: Su competencia emocional se encuentra dentro de los márgenes normales.

120 puntos y más: Dispone de un elevado grado de inteligencia emocional. Se las arregla muy bien consigo mismo, controla sus emociones y trata a los demás de forma consciente y sensible.

Segunda parte

El rostro jánico de las emociones

El mundo de las emociones

UMEROSAS PRUEBAS ANATÓMICAS y fisiológicas demuestran que pensar y sentir, es decir, el cerebro racional y emocional, forman una unidad inseparable. Para poder comprender e interpretar nuestro entorno necesitamos ambas cosas: la inteligencia racional y planificadora y el mundo de las emociones que suele actuar de un modo más bien espontáneo. Sólo la coordinación de la capacidad de sentir y la capacidad de pensar otorga al ser humano su amplio abanico de posibilidades de expresión, único en la naturaleza.

En «condiciones normales», las regiones del cerebro emocional y racional trabajan como un equipo que funciona de forma armónica: las emociones son importantes para el pensamiento, los pensamientos son importantes para las emociones.

Pero una simple palabra inadecuada del interlocutor, una melodía que nos recuerda una relación pasada y terminada, el olor del bronceador o una mirada cariñosa pueden bastar para desencadenar sentimientos de ira, de nostalgia o de ternura. Cuando ese tipo de emociones se hacen muy fuertes, la razón no tiene ya ninguna posibilidad. Las consecuencias las vemos todos los días. Cuando se apodera de nosotros un gran amor o la tristeza cotidiana, cuando estamos tan alterados que no podemos pronunciar con claridad las palabras, o cuando guardamos un ofendido silencio porque han olvidado nuestro aniversario de boda, rige el cerebro emocional. ¿Debemos, por tanto, reprimir de entrada nuestras emociones y aspirar tan sólo a la racionalidad?

¿Para qué necesitamos las emociones?

Las emociones son mecanismos que nos ayudan:

- a reaccionar con rapidez ante acontecimientos inesperados;
- a tomar decisiones con prontitud y seguridad, y
- a comunicarnos de forma no verbal con otras personas.

Investigaciones en pacientes cuyas zonas emocionales del cerebro habían sido dañadas por accidentes o enfermedades han demostrado que la falta de la participación emocional en el enjuiciamiento de las situaciones lleva a decisiones incorrectas, y que la carencia de emociones puede socavar el sentido común de las personas. Sólo la aplicación inconsciente o intencionada de las emociones proporciona la dimensión humana a nuestra vida cotidiana y hace comprensible para los demás nuestra actuación social o profesional.

El programa emocional instantáneo

Sibylle se dirige de noche hacia casa en su coche después de un largo día de trabajo. Está oscuro y la carretera está muy poco transitada. De pronto ve ante ella, en la cuneta, a un peatón, se asusta, frena y desvía el coche hacia el centro de la calzada. La situación de peligro ha pasado. Cuando mira al peatón comprueba que ha sido víctima de un engaño óptico: el supuesto peatón, vestido de oscuro, es un inofensivo arbolito recién plantado.

Con la ayuda de las cinco emociones básicas —felicidad, tristeza, indignación, temor y rechazo—, así como de sus diversas combinaciones, el cerebro emocional está en posición de hacer una rápida valoración de las situaciones inesperadas a partir de pocas y fragmentarias percepciones sensoriales. En situaciones de urgencia o de peligro no hay tiempo para largas reflexiones, ni para sopesar la información de que se dispone y las distintas posibilidades de actuación. En lugar de eso se pone en marcha de forma intuitiva un programa emocional genético: el organismo responde de forma fisiológica —por ejemplo, mediante secreciones hormonales— ante la situación excepcional, y respondemos con una serie de reacciones o actuaciones efectivas, aunque por debajo de lo que sería óptimo: enfrentamiento, huida, rigidez. El cerebro racional, mucho más preciso, pero que trabaja con mucha mayor lentitud, en muchos de esos casos nos proporcionaría un mejor plan de actuación, pero para ello necesita por lo menos el doble de tiempo.

Las emociones: una ayuda al tomar decisiones

Nuestra vida está llena de decisiones: qué oficio aprendemos, adónde vamos de vacaciones, con quién nos casamos, cómo invertimos nuestro dinero, si estamos en condiciones de aceptar una determinada tarea, qué vino elegimos. Cuanto más variadas son las posibilidades de elección, menos nos ayuda la lógica formal por sí sola. Nuestro cerebro tiene dificultades en prever y considerar como un ordenador los innumerables elementos a favor o en contra. Cualquier aficionado que se haya enfrentado alguna vez a un buen programa de ajedrez conoce estos déficits.

Por experiencia, sabemos que a menudo una sensación en el estómago o una voz interior nos ayuda más a tomar la mejor decisión que todas las reflexiones racionales que podamos hacer. Antes de haber podido siquiera calcular si un pedido vale la pena desde el punto de vista financiero y si es factible en lo que se refiere a la fecha de entrega, sucede algo muy importante: cuando aparece en su mente la idea de que durante los próximos dos meses no tendrá ningún fin de semana libre, siente —quizás sólo durante unos instantes— una sensación física desagradable.

Damasio denomina esta sensación en el estómago «indicador somático». Los indicadores somáticos positivos y negativos son señales del cerebro emocional que nos advierten del peor asunto o nos indican una oportunidad única. Identifican de forma automática los elementos del escenario que son relevantes para nosotros personalmente. Los indicadores somáticos nos ayudan a clasificar un problema y determinar su importancia. Abren un camino a través de la jungla de posibles decisiones. Sin embargo, en determinadas circunstancias pueden tener también consecuencias desventajosas, por ejemplo, si producen un efecto más poderoso que los datos objetivos.

Las emociones como medio de comunicación

Aunque no hablemos de nuestras emociones, la mayoría de las veces las personas de nuestro entorno saben con exactitud cómo nos sentimos. Eso se debe a que las emociones y los estados de ánimo básicos se manifiestan en la expresión del rostro, en la actitud corporal, en el tono de la voz y en los gestos. Las reacciones fisiológicas y el comportamiento expresivo en caso de miedo, indignación, tristeza, alegría y rechazo son parecidos en todas las culturas. Desencadenan en el otro reacciones emocionales involuntarias iguales o complementarias: comprensión, pero también miedo, cólera o rechazo. El psicólogo Keith Oatley da su importancia a la función comunicativa de los sentimientos: «Las señales emocionales entre las personas son, en principio, sencillas. Actúan como la sirena de la policía o de una ambulancia: no se sabe lo que ha sucedido pero se maniobra para dejar sitio si se está al volante y se deja pasar al vehículo.»

La correcta interpretación de este tipo de señales presupone un cerebro emocional intacto. Los pacientes con determinadas lesiones cerebrales ya no están en situación de distinguir las diferentes expresiones faciales y de descifrar su significado emocional.

La trinidad del cerebro

En la actualidad, la rama de la investigación cerebral que se ocupa de la conjunción del espíritu y las emociones se concentra sobre todo en comprender las interacciones recíprocas entre las tres zonas del cerebro situadas una sobre otra: *bulbo raquídeo, sistema límbico* y *neocórtex* o corteza cerebral. Durante décadas, la opinión general de los expertos era que los tres compartimentos del cerebro llevaban su propia vida sin que existiera demasiado contacto entre ellos. Esta afirmación —propagada sobre todo por el neurólogo Paul MacLean— ya no es compatible con las actuales observaciones y los resultados obtenidos con la investigación.

El papel del bulbo raquídeo

La estructura del cerebro del *Homo sapiens sapiens* se ha formado gracias a la evolución en el transcurso de varios cientos de millones de años: en el cerebro del ser humano hay por eso zonas que, desde el punto de vista del desarrollo histórico, son muy antiguas y ya se encuentran presentes en batracios y reptiles como ranas y cocodrilos.

El cerebro humano

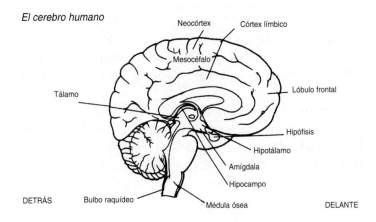

La parte más antigua y más primitiva del cerebro, el búlbo raquídeo surgió como prolongación de la médula espinal. Es responsable de funciones vitales sobre las que normalmente no se puede influir de forma consciente, como la respiración y el metabolismo. A parte de esto, dirige los impulsos, instintos y reflejos. Ya los recién nacidos disponen, por ejemplo, de un reflejo de natación.

Al mismo tiempo, el bulbo raquídeo trabaja en estrecha relación con las regiones del cerebro que se han desarrollado más tarde. Muchas cosas se aprenden en las capas más jóvenes del cerebro pero se van automatizando e incluyendo en la programación del bulbo raquídeo: por ejemplo, saber conducir un coche.

Sistema límbico y amígdala: el cerebro emocional

En el transcurso de la evolución, a partir de las células sensoriales del cerebro de los reptiles que eran responsables de la asimilación de los olores y de los estímulos visuales, se desarrollaron plexos de neuronas en forma de lóbulo: los lobúlos visuales y los *lóbulos olfatorios (bulbo olfatorio)* todavía más importantes, debido a las condiciones para la su-

pervivencia que se daban en la Prehistoria. El bulbo olfatorio tenía la función de clasificar los olores y desencadenar en
cada caso la reacción conveniente: comer, cazar, huir, repro-
ducirse. Poco a poco, esos lóbulos se fueron uniendo y acabaron formando una capa por encima del bulbo raquídeo,
que puede considerarse la precursora del sistema límbico.

Con la aparición de los primeros mamíferos surgió el
sistema límbico propiamente dicho, que juega un papel
clave para nuestra vida anímica y al que se puede llamar,
con todo el derecho, el centro emocional del cerebro. El sistema límbico rodea al bulbo raquídeo (lat. *limbus* = borde)
y permitió, por primera vez en la historia de la evolución,
almacenar y recordar información. De esta manera, un ani-
mal podía reaccionar de forma diferenciada: los automatismos en el comportamiento programados del bulbo raquídeo y de los primeros lóbulos emocionales se vieron
perfeccionados por experiencias como el bienestar o el
dolor. Además de los modelos de comportamiento instinti-
vos ahora eran posibles también, en ámbitos limitados,
modelos de comportamiento «individuales», mejor adapta-
dos a la situación.

El sistema límbico está formado por una dispersa maraña de estructuras, núcleos y conexiones fibrosas. Sus
estructuras más importantes son la *corteza límbica* y su
zona periférica, la *formación del hipocampo y la amígdala.*

Mientras que el hipocampo, junto con algunas partes de
la corteza cerebral, almacena los conocimientos de hechos
y contextos de nuestra vida, la amígdala es la especialista
para los aspectos emocionales. En el hipocampo tenemos
almacenado cuándo fue asesinado John F. Kennedy y dónde
nos encontrábamos cuando oímos la noticia. La conmoción
en la amígdala, asociada a este acontecimiento, se ha ocu-
pado de que los contemporáneos de ese acontecimiento no
hayan olvidado jamás esa impresión.

Las investigaciones y los tests clínicos indican que
nunca puede valorarse bastante la importancia de la amíg-

dala para nuestro comportamiento social y nuestra capacidad de recordar: por ejemplo, pacientes con la amígdala lesionada ya no son capaces de reconocer la expresión de un rostro o si una persona está contenta o triste. Los monos a los que fue extirpada la amígdala manifestaron un comportamiento social en extremo alterado: perdieron la sensibilidad para las complejas reglas de comportamiento social en su manada. El comportamiento maternal y las reacciones afectivas frente a los otros animales se vieron claramente perjudicadas.

Los investigadores J. F. Fulton y D. F. Jacobson, de la Universidad de Yale, aportaron además pruebas de que la capacidad de aprendizaje y la memoria requieren una amígdala intacta: pusieron a unos chimpancés delante de dos cuencos de comida. En uno de ellos había un apetitoso bocado, el otro estaba vacío. Luego taparon los cuencos. Al cabo de unos segundos se permitió a los animales coger uno de los recipientes cerrados. Los animales sanos cogieron sin dudarlo el cuenco que contenía el apetitoso bocado, mientras que los chimpancés con la amígdala lesionada eligieron al azar; el bocado apetitoso no había despertado en ellos ninguna excitación de la amígdala y por eso tampoco lo recordaban.

El sistema límbico está en constante interacción, tanto con el neocórtex como también con el bulbo raquídeo. Particularmente estrecha es la unión entre la amígdala y el lóbulo prefrontal del neocórtex. Una transmisión de señales de alta velocidad permite que el sistema límbico y el neocórtex trabajen juntos.

El neocórtex: el cerebro racional

Hace aproximadamente cien millones de años aparecieron los primeros mamíferos superiores. La evolución del cerebro dio un salto enorme. Por encima del bulbo raquídeo y del sistema límbico la naturaleza puso el neocórtex, el cerebro racional. A los instintos, impulsos y emociones se añadió de esta forma la capacidad de pensar de forma abstracta y más allá de la inmediatez del momento presente, de comprender las relaciones globales existentes, y de desarrollar un yo consciente y una compleja vida emocional.

Esta parte más joven —desde el punto de vista de la evolución— de la corteza cerebral rodea las zonas del cerebro más antiguas con seis capas de neuronas colocadas y ordenadas unas sobre otras. Sólo con la aparición del neocórtex se hace posible la integración de diferentes impresiones sensoriales para formar un todo. Sin embargo, la superioridad intelectual del ser humano frente a los mamíferos superiores no se da tanto por la existencia de una mayor masa cerebral como por la gran variedad y flexibilidad de las conexiones nerviosas entre las capas de neuronas aisladas y entre las zonas del cerebro nuevas y antiguas. La vida puramente emocional es perfeccionada, perfilada y enriquecida gracias a la interpretación racional de la percepción que se produce en el neocórtex.

Así pues, el neocórtex nos capacita no sólo para solucionar ecuaciones de álgebra, para aprender una lengua extranjera, para estudiar la Teoría de la Relatividad o desarrollar la bomba atómica. Proporciona también a nuestra vida emocional, sobre todo, una nueva dimensión. Amor y venganza, altruismo e intrigas, arte y moral, sensibilidad y entusiasmo van mucho mas allá de los rudos modelos de percepción y de comportamiento espontáneo del sistema límbico. Por otro lado —esto se pone de manifiesto en experimentos con pacientes que tienen el cerebro dañado—, esas sensaciones quedarían anuladas sin la participación del cerebro emocional. Por sí mismo, el neocórtex sólo sería un buen ordenador de alto rendimiento.

Los lóbulos *prefrontales* y *frontales* juegan un especial papel en la asimilación neocortical de las emociones. Como *ejecutivo* de nuestras emociones, asumen dos importantes tareas: en primer lugar, moderan nuestras reacciones emocionales, frenando las señales del cerebro límbico. En segundo lugar, desarrollan planes de actuación concretos para situaciones emocionales. Mientras que la amígdala del sistema límbico proporciona los primeros auxilios en situaciones emocionales extremas, el lóbulo prefrontal se ocupa de la delicada coordinación de nuestras emociones. Cuando nos hacemos cargo de las preocupaciones amorosas de nuestra mejor amiga, tenemos sentimientos de culpa a causa del montón de actas que hemos dejado de lado o fingimos calma en una conferencia, siempre está trabajando también el neocórtex.

Estas actividades sólo puede llevarlas a cabo el neocórtex en combinación con las capas más antiguas del cerebro. Para ello, el cerebro humano dispone de un gran número de vías nerviosas y de circuitos muy flexibles entre las neuronas, que conectan las diferentes zonas del cerebro entre sí.

El diagrama de conexiones del cerebro

Las estructuras de todas las regiones del cerebro están formadas por haces de neuronas. La totalidad del sistema nervioso del ser humano consta por lo menos de diez mil millones de neuronas, de las que la mayoría se encuentran en el cerebro. En las regiones de la corteza cerebral (por ejemplo, en el neocórtex y en la corteza límbica), las neuronas forman hasta seis capas superpuestas, comunicadas entre sí. En las regiones por debajo de la corteza cerebral (por ejemplo, en la amígdala y en el hipotálamo), las neuronas se aglomeran en grupos que reciben el nombre de núcleos.

Las neuronas constan de:

- *Dendritas*, que transmiten el estímulo que penetra en el núcleo celular.

- Un *núcleo celular* que procesa el estímulo que ha penetrado en su interior y puede generar un estado de excitación (potencial de acción), y
- El *axón,* que transmite el estado de excitación de la neurona a otras células nerviosas.

Cada neurona aislada se comunica con otras neuronas en la medida en que recibe un estímulo inicial procedente de otra célula nerviosa, lo procesa y transmite su estado de excitación, a las neuronas con las que está conectada. Según las estimaciones de los neurocientíficos, cada neurona aislada está integrada en una red con alrededor de otras mil neuronas formando un circuito de conexión. Su estado de excitación se transmite en forma de corriente eléctrica a otras células nerviosas a través de la principal prolongación de la neurona, el axón: un axón puede formar ramificaciones que llegan hasta las dendritas de otras células nerviosas. Cuando se produce un potencial de acción en esos puntos de conexión o *sinapsis* se liberan sustancias químicas, los *neurotransmisores,* que actúan como mensajeros, y pasan a las células con las que el axón está conectado, convirtiéndose en un estímulo inicial. La sinapsis regula la intensidad con que el estímulo actúa sobre la siguiente neurona.

Por herencia se transmite la estructura básica de muchos circuitos de conexión neuronal, incluida la capacidad de regulación de sus sinapsis. La información procedente de la herencia genética establece, ante todo, la estructura de las zonas del cerebro más antiguas desde el punto de vista de la evolución, que incluyen, entre otras, el bulbo raquídeo y el sistema límbico. La estructura de los circuitos de conexión neuronal existentes allí es, con toda probabilidad, congénita.

Afortunadamente, la capacidad de nuestros genes no basta para almacenar los planos detallados para la ejecución de la estructura de conexión de todas las neuronas en el neocórtex y la capacidad de regulación de sus sinapsis. De otro modo, sólo podríamos aprender de forma limitada a partir de nuestras experiencias. No estaríamos en situación de poder cambiar —de forma consciente— nuestras reacciones y emociones ante determinadas situaciones. Nuestros modelos de comportamiento serían tan poco individuales como los de las ranas u otros batracios, cuyas reacciones y emociones están del todo programadas de antemano.

Tanto en la corteza cerebral como también en las zonas subcorticales pueden identificarse sistemas parciales de circuitos de conexión de neuronas, que son responsables de determinadas actividades racionales o emocionales. A menudo esos sistemas parciales, situados en diferentes zonas del cerebro, están relacionados entre sí y forman grandes sistemas funcionales; por ejemplo, el sistema límbico o determinados sistemas en los lóbulos parietales del neocórtex. Sirven para —de manera permanente— observar y hacer una valoración de nuestras percepciones, de nuestras emociones y de nuestro estado físico y convertirlas en apreciaciones conscientes del cerebro y del organismo.

¿Cómo funcionan las emociones?

Imagínese que pasea en bicicleta por un camino forestal. De pronto le sale al encuentro corriendo un perro pastor. Su relación con los perros es más bien distante. ¿Qué sucede en su interior?

Sus ojos mandan señales al tálamo, que traduce el estímulo sensorial que está recibiendo al lenguaje del cerebro y lo transmite a las zonas del cerebro correspondientes: por un lado, a los lóbulos prefrontales, que son responsables de la evaluación intelectual del problema, pero, por otro lado —mediante una vía más rápida de transmisión de señales y con muchos menos detalles—, también a la amígdala. Mientras el neocórtex recibe su mensaje y lo estudia en todos sus aspectos, la amígdala decide, basándose en una experiencia de la primera infancia, quizás ni siquiera consciente, que existe un peligro y es necesario actuar con rapidez.

El «teléfono rojo» entre el tálamo y la amígdala es un descubrimiento del neurólogo de Nueva York Joseph E. LeDoux. LeDoux descubrió que el ser humano reacciona de forma emocional ante determinados estímulos externos, antes de que el neocórtex pueda sacar una conclusión intelectual sobre lo sucedido. Más incluso: en situaciones de estrés el organismo secreta hormonas que bloquean la información más cualificada del neocórtex a la amígdala. Las reflexiones racionales ya no pueden pasar. La emoción en el sentido más literal de la palabra bloquea el camino a la razón.

Volviendo a nuestra experiencia con el perro: la amígdala ha clasificado la situación como peligrosa. A través del hipotálamo, los nervios, el sistema motriz, el sistema hormonal y péptido y la activación de los neurotransmisores provocan una serie de reacciones. Su corazón empieza a latir con más fuerza, sus músculos se tensan, empalidece, sus entrañas se contraen, los rasgos de su rostro adoptan una expresión de miedo. Sin una participación cognitiva consciente, la amígdala pone en marcha una reacción de miedo congénita, preorganizada: se pone rígido y frena. Los cambios en el estado del organismo son transmitidos al sistema límbico, que, mirando por encima de su propio hombro, podrá dar la señal de que ha pasado el peligro en el momento adecuado.

Mientras tanto, el lóbulo prefrontal analiza el acontecimiento emocional de forma cognitiva y reflexiona acerca de una reacción efectiva: hablar con calma al perro, no manifestar miedo alguno y continuar avanzando despacio parece ser lo más adecuado en ese momento.

Para transformar estas reacciones de apaciguamiento, el lóbulo prefrontal depende de la amígdala. Por lo tanto, le manda señales. La amígdala, a su vez, activa las reacciones emocionales. De la misma manera que pocas milésimas de segundo antes ha desencadenado la acción instintiva de frenar, ahora asume la tarea de poner en marcha las reacciones fruto de la reflexión. De nuevo se sirve para ello de los nervios, del sistema motriz, del sistema hormonal y péptido y de los neurotransmisores. Al mismo tiempo, el lóbulo prefrontal se ocupa de que usted se calme, amortiguando las señales estimulantes de la amígdala en las otras zonas del cerebro: con el resultado de que usted se relaja o, por lo menos, finge hacerlo, habla tranquilo y seguro de sí mismo al perro y empuja despacio su bicicleta.

La simbiosis de la emoción y la razón

El cerebro emocional garantiza nuestra supervivencia en situaciones límite porque reconoce con rapidez las situaciones de peligro y pone en marcha reacciones preorganizadas. Se ocupa de la transformación fisiológica de los procesos del cerebro racional. Sobre todo, nos facilita decisiones racionales porque nos presta una ayuda orientativa ante una maraña de posibilidades. En sentido inverso, el cerebro racional amortigua y relativiza las oleadas de emociones que nos invaden y afina y cultiva los modelos de reacción del cerebro emocional, primitivos en comparación.

Sentir y pensar son cosas, por lo tanto, que están entrelazadas. Nuestras emociones determinan en qué medida podemos poner en marcha nuestro potencial mental: para pasar bien la selectividad, además de un cociente intelectual (CI) lo más elevado posible, necesitamos también cualidades como la constancia y el optimismo. Nuestro pensamiento determina el grado de sensibilidad y profundidad con que podemos sentir. Para que una ópera de Verdi sea algo más que un tapiz de sonidos embriagadores necesitamos, además de cualidades como la sensibilidad y la imaginación, capacidades analíticas: la comprensión de la lógica y la estructura interna en el fluido de las notas, sensibiliza, diferencia y aumenta nuestra percepción emocional de la música.

Las pasiones que causan padecimientos

L A IRA, EL MIEDO Y LA DEPRESIÓN son automatismos biológicos y están profundamente arraigados en la historia de la evolución. Constituyen un componente fijo de nuestro programa de comportamiento. Hace miles de años asumían funciones vitales en la adaptación del organismo a su entorno.

Hay muchos argumentos que prueban que en los últimos siglos, la adaptación de las emociones primarias al entorno —sirviéndose de la modificación de los factores hereditarios— no ha progresado ya con la suficiente rapidez. Considerando nuestros factores hereditarios emocionales, apenas nos diferenciamos de los antiguos romanos, de los campesinos y ganaderos del Mesolítico o de los cazadores y recolectores del Paleolítico.

No nos hagamos ilusiones: en lo que se refiere a las emociones, el ser humano todavía no se ha bajado de los árboles. Se debe a la biología de nuestras emociones que determinadas pasiones nos asalten de pronto, sin previo aviso, y tengamos, por lo tanto, que «padecer», en el más auténtico sentido de la palabra, miedo, asco o ira. En las verdaderas o supuestas crisis emocionales, la amígdala toma la delantera antes de que el neocórtex se haga una idea clara de la situación en su totalidad y haya podido decidir acerca del rumbo más adecuado a seguir. Esto puede ser a veces de importancia vital. Pero en muchas situaciones sociales las acciones de golpe-contragolpe propuestas por la amígdala, están completamente fuera de lugar: atender el teléfono en voz baja, con inseguridad al recibir la reclamación de un cliente; la hiriente observación sobre la persona que nos . mete prisa en la caja; las lágrimas al recibir una crítica, en el fondo justificada. En un punto, por lo tanto, los raciona- listas como Descartes y Kant tenían sin duda razón: las emociones pueden producir efectos contraproducentes sobre nuestro proceso de pensamiento.

De ahí que en la más reciente historia de la humanidad —es decir, en los últimos diez mil años, más o menos— hayan aparecido desde los Diez Mandamientos, pasando por la *Ética a Nicómaco* de Aristóteles y las normas de compor- tamiento del barón de Knigge, hasta los cursos «Sexual- Harrassment» en universidades estadounidenses, un montón de normas religiosas y éticas que tienen un único objetivo: llevar nuestras pasiones arcaicas, impulsivas e incontroladas por cauces ordenados, socialmente aceptables. Por eso luchamos día a día contra nuestro repertorio emocional de la Edad de Piedra para ponerlo en consonancia con las exigencias de las religiones, de la cortesía, de la corrección política, etcétera.

Indignación, ira y cólera

La cólera y el comportamiento agresivo son reacciones de lucha fundamentales e instintivas cuando nos amenaza algún peligro. El psicólogo Raymond W. Novaco distingue entre cuatro clases esenciales de provocación que pueden desencadenar nuestra indignación.

- Frustraciones: una mala nota, un plantón.
- Sucesos irritantes: una llave perdida, el ruido en el jardín de los vecinos.
- Provocaciones verbales y no verbales: la sarcástica observación del jefe, el coche que nos adelanta por la derecha en la autopista.

- La falta de corrección y la injusticia: una crítica fuera de lugar, el aumento de los impuestos desproporcionado desde el punto de vista social.

Normalmente, las situaciones que provocan la indignación son de orden social: problemas de relación o interacciones con desconocidos que no se atienen a las normas de conducta y a las escalas de valores usuales. El psicólogo Michael Siebert ha descubierto que la familia, el trabajo, los vecinos, los funcionarios y el tráfico rodado son los factores que con mayor frecuencia dan lugar a la indignación.

La neurobiología de la cólera

En el caso de emociones ligadas a la indignación, el organismo se prepara para la lucha y la defensa: se desencadenan reacciones físicas de estrés, destinadas a la movilización de la energía. La concentración de adrenalina y noradrenalina en la sangre se incrementa. La presión arterial aumenta, respiramos de forma más superficial, los latidos del corazón se aceleran, los músculos se contraen. El sistema nervioso parasimpático, que nos tranquiliza y sosiega después de fases de excitación, es puesto en jaque mate por la persistencia de la indignación.

Al mismo tiempo, los riñones segregan la hormona renina. La renina es transformada en el hígado y en los pulmones para convertirse en angiotensina. Esto, a su vez, provoca una fuerte constricción de los vasos sanguíneos. El mecanismo de la renina se ocupa de que la predisposición a la lucha se mantenga durante un tiempo prolongado; a veces durante horas o días. El aumento de la presión sanguínea provoca que el cerebro se desentienda de otros estímulos exteriores. Ciegos de rabia, tenemos entonces sólo un objetivo en nuestra mente: dar rienda suelta a nuestra cólera. Este estado de excitación va ligado a una enorme y exagerada confianza en uno mismo, fundamentada por una ilusión de poder y de invulnerabilidad. Mientras nos encontramos en esta fase, los argumentos de nuestro oponente no tienen la menor oportunidad de ser tenidos en cuenta. En todo caso, contribuyen incluso, de forma adicional, a avivar el fuego.

La cólera como mecanismo de supervivencia

En los tiempos prehistóricos, las reacciones psicológicas descritas estaban llenas de sentido y a menudo eran decisivas para salvar la vida. La cólera suele proporcinar insospechadas energías, que pueden hacer posible que se siga siendo dueño de la situación y desarrollar con una rapidez, en unos segundos, soluciones creativas. Para los hombres primitivos, éstas eran condiciones imprescindibles para sobrevivir ante situaciones peligrosas. A esto se añadía que las energías acumuladas para la lucha se agotaban en la lucha o en la huida. De esta manera no podía producirse nunca excedentes de energía.

Por el contrario, el hombre «civilizado» a menudo no tiene ninguna oportunidad de dar salida a su indignación. De ahí que, en consecuencia, pueda crearse un peligroso círculo vicioso. Puesto que el organismo no recibe ninguna señal de que el peligro ha pasado, sigue manteniendo la reacción colérica. En el caso de que al primer acontecimiento irritante se sume un segundo, un tercero o un cuarto, un enfurecimiento alimenta a otro. El umbral de tolerancia se hace cada vez más bajo. La mayoría de las veces todo esto termina en un estallido desproporcionado, seguido de sentimientos de culpa. O bien reprimimos nuestra indignación y nos la «tragamos». Las consecuencias son a menudo trastornos psicosomáticos, como úlceras de estómago, hipertensión o enfermedades del corazón.

El temperamento agresivo

Max ha tenido un día de trabajo frustrante. El nuevo director de sección, durante una reunión del equipo de redacción, ha rechazado sin más ni más su propuesta de una nueva serie de artículos sobre el desbordado sistema social. Entonces Max se ha enfurecido y le ha soltado: «Probablemente ni siquiera se ha leído con atención la documentación que he aportado.» Sus compañeros, ante una agresión tan irreflexiva, sólo han sabido menear la cabeza. Y a pesar de que Max, ya durante la reunión, se ha disculpado con el director de sección, el ambiente ha seguido siendo glacial.

Las personas se diferencian en si llegan a enfadarse, y en qué medida, a causa de un embotellamiento cuando se dirigen al trabajo, una vendedora antipática o las más recientes negociaciones tarifarias. Redford Williams, que investiga los diferentes aspectos de la cólera, estima que alrededor del 20 por 100 de las personas tienen una elevada predisposición a la indignación. En contraposición, existe otro 20 por 100 que sabe en extremo conservar la calma y no se deja llevar por la indignación. El resto se mueve entre estos dos extremos.

Las personas tendentes a la indignación se caracterizan por un comportamiento intensamente emocional, dinámico, con cierto grado de frustración. Las percibimos como personas inquietas, dedicadas a su objetivo, motivadas en extremo por el rendimiento, impacientes y espontáneas en sus decisiones. A esto se añade con frecuencia una actitud misantrópica frente a otras personas: quienes de antemano dan por supuesto que los demás se comportarán de forma egoísta y actuarán con lentitud o mala intención, encuentran con rapidez en todos y en cada uno un defecto u otro. Los cardiólogos Ray H. Rosemann y Meyer Friedman incluyen a ese tipo de personas, sometidas a presión de forma permanente, dentro del tipo A, personas que corren un especial peligro de sufrir un infarto.

En la actualidad se sabe que la cólera y la irritabilidad viene determinada por la química del cerebro. Al parecer, existe una estrecha relación entre un perfil emocional agresivo y la enzima MAO (monoaminooxidasa). MAO es una enzima que influye sobre las regiones del cerebro que controlan la atención, la capacidad de concentración y la impulsividad. Investigaciones más recientes ponen de manifiesto que los niños con un bajo nivel de MAO tienden a la hiperactividad, se frustran e irritan con rapidez y se encolerizan con facilidad.

Sin embargo, la predisposición individual a la indignación no sólo depende del metabolismo bioquímico, sino también de la actitud mental: nuestra valoración cognitiva de una situación determina si nos enfadamos o no. Los prejuicios («dominguero»), las expectativas decepcionadas («si algún día pudiera dormir cuanto quisiera...»), y unos modelos de percepción y de interpretación marcadamente negativos («siempre me toca a mí», «nunca llega puntual») son los que de verdad dan alas a la indignación.

Estrategias contra la cólera

En muchas situaciones un comportamiento agresivo está fuera de lugar y es síntoma de inseguridad a la hora de reaccionar. Por otro lado, tampoco estamos dispuestos a aguantar cualquier cosa, ni debemos hacerlo. Existen una serie de técnicas muy sencillas con cuya ayuda se puede poner freno a las energías de carácter agresivo. Sin embargo, todas estas técnicas son efectivas en grado óptimo cuando se ataja a tiempo la indignación, antes de que pueda desplegar por completo su fuerza destructora. Al mismo tiempo, es importante aprender a autoafirmarse sin recurrir a la agresión.

Introspección.—El punto de partida de todas las estrategias que son de gran ayuda contra la indignación es la autoobservación o introspección en las situaciones en las que corremos el peligro de dejarnos llevar por la cólera. («La cola en la caja no avanza en absoluto».) ¿Empiezan a asaltarnos pensamientos negativos y cínicos? («Muy típico, todas estas amas de casa tienen tiempo durante todo el día para dedicarse a hacer la compra».) ¿Reaccionamos de forma agresiva? (Miradas iracundas en dirección a la caja, tamborileo nervioso con los dedos.) ¿Cuál es el desencadenante? («Si mi jefe me hubiera dejado salir puntual, habría podido hacer mis compras sin prisas».) ¿Qué consecuencias temo? («Seguro que ya no conseguiré llegar a tiempo al teatro».)

La introspección es la condición previa para conseguir interrumpir el automatismo de la indignación y hacer una nueva valoración de la situación que ha desencadenado esa indignación.

Dar una interpretación positiva a la situación.—Hacer una nueva valoración es la fórmula mágica psicológica para desactivar las emociones agresivas. (Por cierto, la misma técnica funciona también en las reacciones producidas por el miedo.) Cuando nos enfadamos, a menudo somos víctimas de impresiones y sospechas precipitadas que, vistas de cerca, resultan exageradas o injustas. Un experimento del psicólogo Dolf Zillmann, de la Universidad de Alabama, pone de manifiesto cómo la comprensión puede desarmar la indignación: un ayudante de Zillmann tenía la misión de provocar, con observaciones peyorativas, a un grupo de personas que participaban en el experimento mientras éstos realizaban una prueba deportiva. A continuación se insinuó, a los participantes en la prueba, que el juicio que emitieran sobre el ayudante influiría en su carrera, con el resultado de que la mayoría de los participantes dieron rienda suelta a su indignación y se despacharon a gusto. En otra variante del mismo experimento, realizado con otro grupo de experimentación, los participantes se enteraron

—en apariencia por casualidad— de que el ayudante estaba a punto de someterse a un difícil examen oral. Su juicio fue mucho más indulgente y comprensivo que el del grupo de comparación.

Actividad física, relajación y distracción.—Cualquier situación de indignación espolea al organismo a un máximo esfuerzo físico. Toda la atención está centrada en el objeto desencadenante de la indignación.

La actividad física —caminar de un lado para otro con rapidez, un corto paseo, mover con fuerza los brazos, inspirar y espirar con profundidad— y la relajación muscular ayudan a reducir la intensidad de la excitación.

Otra alternativa son la retirada o la distracción. Eso no significa que no haya que analizar las situaciones y discutirlas, pero sólo cuando la excitación psicológica haya remitido. Hasta entonces, establecer un breve paréntesis y concentrarse en uno mismo son las mejores terapias: leer, escuchar música o hacer una tarta ayudan a pensar en otras cosas.

Autoafirmación.—Por supuesto, no siempre lo más sensato es quitar importancia a la indignación, hacer una nueva valoración de la misma o canalizarla hacia la actividad física. A menudo debemos defender nuestros intereses. Tan pronto los ánimos se hayan calmado un poco, se trata de exponer, con calma y de forma controlada, los motivos de nuestra indignación a la otra persona. Las siguientes reglas ayudan a hacerlo:

- Cálmese primero antes de interpelar al otro; teniendo en cuenta tan sólo los aspectos fisiológicos, tienen que transcurrir unos veinte minutos para que el organismo se haya apaciguado.
- Prepárese para la conversación, formulando mentalmente y de antemano los argumentos que vaya a utilizar.

- Esfuércese en mantener un tono tranquilo e imparcial y un lenguaje corporal neutro. Las miradas amenazadoras y los puños crispados son interpretados en todas las culturas como signo de agresión.
- Limite su crítica al hecho en concreto que lo ha encolerizado («por favor, deje de utilizar la sierra a la hora de la siesta»). Los reproches globales («aquí nunca se puede estar tranquilo, ¿no tiene usted nada mejor que hacer?») sólo provocarán una nueva pelea.

A menudo, en situaciones enojosas, es de gran ayuda saber que —cuando es necesario— somos capaces de defender los propios intereses, esto nos permite sentirnos menos amenazados y poder actuar de un modo más relajado.

Miedo y preocupación

El miedo es una reacción ante situaciones amenazadoras o que causan inseguridad, en las que el ser humano teme perder el control sobre su entorno. Los factores desencadenantes del miedo son, entre otros:

- Peligros de carácter general: El miedo ante una operación a la que vamos a someternos, el miedo a la vejez, a las catástrofes medioambientales.
- Situaciones desconocidas, no predecibles: El miedo que nos producen las nuevas tecnologías, tener que mudarnos a una ciudad desconocida, los ruidos nocturnos inexplicables.
- Relaciones sociales: El miedo al rechazo, al aislamiento, al fracaso social.
- Situaciones de rendimiento: Miedo ante un examen o el miedo a no estar a la altura de un nuevo desafío profesional.
- Problemas morales.

Mientras que la tristeza y la indignación son emociones sociales, el miedo suele ser un producto de la soledad.

La neurobiología del miedo

Las emociones de miedo sirven para preparar al cuerpo para la fuga, la inmovilidad y el ataque. Los procesos neuronales en el sistema límbico provocan una excitación simpática y con ello una secreción de adrenalina. Se desencadena una reacción de estrés durante la cual el corazón late con mayor rapidez, el nivel de azúcar en sangre aumenta y las pupilas se dilatan. Toda la atención se centra en el peligro a que nos enfrentamos.

El miedo como mecanismo de supervivencia

Al igual que la ira, el miedo también es una reacción psicológica que permite sobrevivir a un peligro existente. En el organismo se impone el nivel de alarma I. Apenas podemos hacer otra cosa que preocuparnos por lo que podría pasar y de cómo podríamos ocuparnos de nuestra seguridad; todo lo demás es ignorado. Esto no sólo salvaba la vida a nuestros antepasados en sus encuentros con animales salvajes, sino también beneficia al ser humano del siglo xx. Por ejemplo, en una situación peligrosa en medio del tráfico rodado o cuando por precaución damos un gran rodeo para evitar a un grupo de *skinheads*. Pero la reacción fisiológica provocada por el miedo también explica por qué tantas personas se convierten en espectadores silenciosos cuando se producen ataques verbales o físicos a terceros: hacerse el muerto es una de las reacciones incluidas en el programa emocional relacionado con las situaciones desencadenantes del miedo, que nos ha sido transmitido a través de la evolución.

El problema es que, en la vida moderna, se dan ya relativamente pocas situaciones de miedo que se puedan superar enfrentándose de manera directa al peligro y eliminándolo. Con mucha más frecuencia sucede que nos vemos obligados a seguir llevando nuestra vida como si nada sucediera, aunque una constante amenaza nos asuste. A pesar de que uno de nuestros progenitores esté a punto de someterse a una operación de by-pass, tenemos que presentar nuestra declaración de renta. Durante el proceso de divorcio, debemos dar apoyo a los hijos y seguir siendo eficaces en el trabajo.

Todavía es más problemático cuando los pensamientos en torno a una real o supuesta amenaza pasan a un primer plano, aunque, de hecho, otros asuntos sean más importantes. Cuando esto sucede, el miedo escapa a cualquier control y puede degenerar en una preocupación crónica. La preocupación por catástrofes reales o sospechadas, absorben entonces toda la atención. Paradójicamente, en ese caso, los síntomas fisiológicos del miedo se experimentan con menor intensidad.

El temperamento miedoso

El tipo miedoso es, entre todos los tipos de temperamento, el que se da con más frecuencia. Las personas propensas a tener miedo están muy condicionadas por sus emociones y se dejan dominar con facilidad por ellas. A menudo son irritables y tímidas, están tensas y nerviosas. Tienen una gran necesidad de ser amadas y aceptadas, pero con frecuencia se sienten aisladas, dolorosamente diferentes de los demás e incompetentes. Por eso prefieren lo conocido a lo desconocido, buscan de forma instintiva la seguridad, y donde mejor se sienten es en un entorno conocido. Al mismo tiempo son delicadas y sensibles, tienen mucho tacto y mucha fantasía.

El experto en psicología genética Jerome Kagan parte de la base de que las personas que tienden a tener miedo, han heredado una concentración crónica elevada de noradrenalina u otras sustancias cerebrales. Este elevado nivel de noradrenalina estimula tanto a la amígdala como al sistema nervioso simpático, más allá del nacimiento.

Otras investigaciones demuestran que las personas miedosas nacen con una cantidad relativamente baja de los mensajeros químicos o neurotransmisores GABA (ácido gamma-aminobutírico). La carencia de GABA estimula el sistema nervioso central y a continuación el vegetativo, y de esta manera provoca un estado de ánimo elemental crónico caracterizado por el nerviosismo, la inseguridad y la preocupación. Para no intensificar las sensaciones de miedo latentes, los temperamentos miedosos reaccionan de forma instintiva con retraimiento y evitan las situaciones y las personas que puedan alterar su equilibrio anímico.

Estrategias contra el miedo

Fundamentalmente, hay dos posibilidades de superar el miedo: actuar para eliminar la amenaza o intentar tranquilizarse. El psicólogo Richard Lazarus denomina la acción como superación «instrumental», y el control de las emociones como superación «orientada a las emociones».

Superación instrumental: Peligro reconocido, peligro superado.—Como cualquier emoción, también el miedo tiene un lado positivo. El miedo es un indicador de que algo no va bien. Debe incitarnos a cuestionarnos una determinada situación. Vea sus miedos como una oportunidad: compre un coche con airbag y ABS; preste más atención a su salud; propóngase leer más para poder, en el futuro, participar más en las conversaciones.

Superación orientada a las emociones mediante una nueva valoración.—Al igual que las emociones coléricas, también las emociones de miedo pueden superarse dando una interpretación más positiva a la situación que se vive como amenazadora. Detrás de esto está la idea de que un acontecimiento sólo desencadena una reacción de estrés cuando es interpretado como una amenaza. Lo desconocido, lo que nos causa inseguridad y lo nuevo no son características absolutas, sino que cada persona las percibe con una intensidad diferente. Desde el punto de vista psicológico, el estrés es el resultado de un proceso cognitivo subjetivo.

Por lo tanto, cuando se consigue relativizar una aparente amenaza («el porcentaje de suspensos en este examinador es bastante bajo»), desaparece la causa del estrés. Cuanto antes puede amortiguarse la oleada de miedo de forma racional, mejor funciona esta estrategia.

Superación orientada a las emociones mediante la desensibilización.—Hemos visto que las personas miedosas por naturaleza tienden a evitar las situaciones en las que no se sienten a la altura de las circunstancias. Pero de esta manera, a largo plazo, el espacio vital y el campo de acción se hacen cada vez menores. La persona que evita las apariciones en público, conducir un coche o conocer a nuevas personas, se condena a sí misma a la marginación profesional y social.

Una alternativa mejor es aprender a vivir con el estado de excitación del miedo. Esto presupone enfrentarse a las propias emociones de miedo, hacer un repaso mental de las situaciones de miedo y finalmente exponerse de forma consciente y sistemática a los estímulos del miedo, tolerarlos y observarlos con frialdad. A medida que esto se consigue, una y otra vez, el miedo va cediendo: la persona se desensibiliza. Con el tiempo crece la confianza en la propia capacidad para manejarse con el miedo y poder enfrentarse a él de forma efectiva.

Para un paciente que se veía asaltado con regularidad por una agitación nerviosa en sus encuentros con nuevas personas o cuando asistía a fiestas como invitado, el psicólogo Melvyn Kinder desarrolló el siguiente programa: «Debía imaginarse lo que sentía cuando entraba en una habitación donde todo el mundo lo mirara fijamente. Al hacerlo, se dio cuenta de lo mucho que se alteraba. Lo repitió varias veces con la indicación expresa de limitarse a sentir de forma consciente esa alteración. Poco a poco, ésta se hizo cada vez menor, incluso cuando le indiqué que además se imaginara que había gente allí para quienes pasaba desapercibido o que no tenían el menor interés por él y que después de una breve conversación le volvían la espalda. Al cabo de pocos meses, el paciente se sentía mucho más a gusto en reuniones sociales. Esto se debía también a que había aprendido a aceptar su timidez en lugar de tratar de superarla.»

Tristeza y depresión ordinaria

La tristeza y los estados de ánimo depresivos son reacciones de adaptación a cambios y pérdidas, en particular aquellas a las que no podemos encontrar sentido. Los desencadenantes clásicos son:

- las pérdidas irreparables —como la muerte de una persona cercana, el deseo no satisfecho de tener hijos o el fracaso del sueño de nuestra vida;
- la pérdida de cometidos, de posición y de poder —el abandono del hogar familiar por parte de los hijos o la pérdida del lugar de trabajo;
- la discriminación y la vivencia de la propia indefensión —por ejemplo, la impotencia tras una operación grave o las alteraciones en la autoestima de una persona que ha sido víctima de un delito de violencia;

- los traumas en el pasado —por ejemplo, malos tratos en la infancia o una separación que no ha sido asumida de forma correcta;
- el agotamiento —por ejemplo, a causa del cuidado de una persona mayor o de la doble y triple carga de la vida cotidiana.

El hecho de poder llevar mejor o peor este tipo de cargas depende en gran medida del grado de autoestima, de los propios ideales, de la visión que se tenga del mundo y del respaldo de la familia o de los amigos.

La depresión puede tener muchos rostros. Este capítulo no trata de la depresión como enfermedad, sino de estados de ánimo depresivos menos graves. La psicoterapeuta californiana Ellen McGrath considera que el criterio más claro para distinguir entre estados de ánimo depresivos y formas graves de la depresión es la aptitud para funcionar en la vida cotidiana. Estudios teóricos sobre el estrés ponen de manifiesto que no son acontecimientos demasiado dramáticos, ni crisis vitales graves los que conducen a una tendencia crónica a la depresión, sino más bien las pequeñas cargas individuales que van sumando sus efectos.

La neurobiología de la tristeza

La tristeza y el abatimiento van ligados a una serie de cambios fisiológicos. Un nivel bajo de aminas (noradrenalina, dopamina, serotonina) produce trastornos del sueño, pérdida del apetito, agotamiento, indiferencia y retraimiento ante las personas y las actividades. El metabolismo del organismo se hace más lento, la capacidad de defensa del sistema inmunológico se reduce. Entre las viudas y los viudos las enfermedades cardiacas aparecen con mayor frecuencia que en grupos comparables de personas casadas, confirmando la metáfora de los «corazones rotos».

La tristeza como mecanismo de supervivencia

La tristeza debilita nuestro interés y nuestra energía ante las actividades de la vida normal. Desde el punto de vista evolutivo, esta falta de empuje iba destinada a que las personas debilitadas no se alejaran de sus viviendas, donde estaban más seguras. Para el ser humano moderno, la tristeza anímica es un indicador de que se ha chocado con barreras internas y externas. Las depresiones «sanas» son una señal de alarma, nos advierten que ha llegado el momento de concentrarse en lo más importante, de prestar atención a la voz interior y reorganizar de nuevo o de forma más realista, determinados ámbitos de nuestra vida.

Siempre habrá situaciones en la vida que necesariamente provocarán las emociones que acompañan a la depresión, si queremos asumirlas de forma anímica. La tristeza es una reacción de adaptación, propia de nuestro organismo, que está llena de sentido. Pero cuando la melancolía y el abatimiento se convierten en compañeros constantes sin que haya para ellos un motivo concreto y reconocible, nos encontramos ante una señal de alarma.

El temperamento abatido

Las personas que tienden a los estados de ánimo depresivos son cavilosos y pesimistas en grado notorio: neuróticos de ciudad a la Woody Allen. Nada les parece seguro, se sienten perdidos en un mundo amenazador. La sensación de una culpa difusa y de la poca valía propia se convierten en un estado de ánimo básico. El desaliento, la desconfianza y el vacío interior envuelven al mundo en una densa telaraña.

Ya los antiguos griegos atribuían las depresiones a un desequilibrio de los humores corporales. En la actualidad, la ciencia sospecha que incluso los estados de ánimo depresivo más leves pueden tener causas bioquímicas. Por ejemplo, en el caso de las personas susceptibles de manifestar tendencia a la depresión, al parecer se produce un aporte demasiado bajo de serotonina a la región del cerebro que controla las emociones. Los antidepresivos, como, por ejemplo, el Prozac, aprovechan estos conocimientos y estimulan el flujo de serotonina. Un mayor aporte de serotonina supone una mayor estimulación. Mediante este procedimiento, los pensamientos son dirigidos con mayor intensidad hacia el exterior, se rompe la fijación en el propio dolor anímico.

Según otra teoría, la tendencia a los pensamientos negativos y a un estado de ánimo malhumorado puede estar relacionada con algunas de las actividades de ambos hemisferios cerebrales. Carrie Schaffer, de la Universidad de Yale, presentó a un grupo de estudiantes del College un cuestionario de depresión. A continuación se compararon los EEG (electroencefalogramas) de los estudiantes que, de acuerdo con la puntuación obtenida, eran más depresivos, con los EEG de los participantes con un estado de ánimo básico más positivo. Al hacerlo se comprobó que los estudiantes con un estado de ánimo básico negativo mostraban una actividad eléctrica más intensa en la zona anterior derecha del cerebro.

Sin embargo, de la tendencia a la depresión ordinaria no sólo es responsable el cóctel individual de neurotransmisores. Los hábitos de pensamiento y de vida aprendidos juegan un papel por lo menos tan importante o más. Una postura pesimista ante la vida («nunca podré hacer el trabajo en ese plazo»), la sensación de estar predestinado por factores ajenos («no hay nada que hacer») y una escasa autoestima («esto sólo puede pasarme a mí») tienen una influencia negativa en la constitución anímica.

Y todavía hay otra cosa que juega un importante papel: a las personas melancólicas les gusta encerrarse en sí mismas, son solitarias y tienen, en comparación, menos contactos sociales. A causa de su inseguridad y de su tristeza,

en presencia de personas sin depresiones se sienten ligera-
mente asustadas, inseguras y postergadas. Los estudios de
Abraham Rosenblatt, de la Universidad de California, y de
Jeff Greenberg, de la Universidad de Arizona, ponen de
manifiesto que los melancólicos prefieren quedarse entre
ellos. Pero esto tiene como consecuencia que no disponen
de ninguna posibilidad de conocer alternativas a su experiencia y pensamiento depresivo y cuestionarse su propio
modelo de valoración de las cosas.

Estrategias contra la tendencia a la depresión

Las estrategias contra las depresiones ordinarias depen-
den en cada caso de la situación de partida, de la frecuencia e intensidad del abatimiento que se padezca.

Curar por completo.—Las personas que sólo de vez en
cuando tienen un bajón emocional y conocen el motivo —las
vacaciones se han terminado, después de un examen difícil
nos invade un vacío interior, en las últimas semanas hemos
sufrido un contratiempo tras otro— lo mejor que pueden
hacer contra ese velo que parece haber cubierto el alma es
tratarlo como a un resfriado vulgar y corriente. Su tristeza
les indica que necesitan un respiro para recuperarse de los
esfuerzos realizados o adaptarse a una nueva situación después de un cambio. En días así, tómese de forma consciente —como lo haría en el caso de una enfermedad física—
un tiempo muerto frente a las exigencias de la vida cotidiana, déjese llevar por sus pensamientos y recuerdos y haga
planes para los siguientes días.

Nueva valoración.—Como sucede con el miedo y con la
indignación, la mejor manera de superar la tendencia a la
depresión es intentando ver las cosas bajo una nueva luz.
Lo que la experiencia cotidiana nos demuestra lo han con-

firmado los estudios empíricos: personas tristes y depresivas se animan al compararse con personas que se encuentran en una situación semejante, pero a quienes las cosas
todavía les van peor. En este contexto, las psicólogas estadounidenses Karin S. Frey y Diane N. Ruble, observaron
que en la mayoría de los casos, y de manera espontánea, los
padres de niños que sufrían una discapacidad psíquica esta-
blecían paralelismos con otros padres cuyos niños tenían
que enfrentarse a obstáculos mucho peores. Las madres y
los padres que tienden a hacer comparaciones «a la baja» se
sienten mejor, sufren menos trastornos psíquicos y mantienen un matrimonio más feliz que aquellos padres que tienden a comparar a su hijo con los niños sanos. Y esto sin que
exista la más mínima relación con la gravedad de la discapacidad objetiva que padezca el niño.

Distracción.—A menudo, los melancólicos crónicos no
sufren debido a un problema concreto, sino por su estructura básica emocional. Dado que a causa de su metabolismo bioquímico se encuentran siempre hipoestimulados y
se sienten interiormente vacíos, son propensos a dar vueltas a anteriores decepciones, a oportunidades perdidas y a
catástrofes potenciales y de este modo se van sumiendo en
estados de ánimo cada vez más sombríos. Contra esto, la
mejor ayuda es un buen repertorio de distracciones: reu-
nirse con gente, leer, practicar un deporte, implicarse en
actividades sociales, en cursos de formación. El efecto de
ese tipo de actividades se fundamenta en que modifican el
estado fisiológico del cuerpo: generan en el cerebro un
nivel de estimulación en el que los estados de ánimo depresivos no tienen la menor oportunidad.

Manejo de las emociones

L
A AUTORREGULACIÓN EMOCIONAL es un trabajo que ocupa todas las horas del día: repercute en la música que escuchamos, en los libros que leemos, en la elección de nuestros amigos, en nuestro consumo de alcohol y medicamentos. De forma consciente o inconsciente, nos damos cuenta de lo que sienta bien a nuestra alma; mientras que las personas que viven de forma intensa sus emociones buscan la serenidad de la naturaleza para relajarse, los temperamentos más fríos, menos excitables, necesitan estímulos más fuertes, como la descarga que se produce volando en ala delta o practicando el salto en caída libre para que su economía emocional esté equilibrada.

En nuestros constantes esfuerzos por mantener en jaque nuestras emociones, regularlas y equilibrarlas, olvidamos con facilidad que las emociones no sólo representan una debilidad, sino también un potencial. Nuestra solidez emocional es la que decide en qué medida conseguiremos desarrollar nuestras capacidades innatas. Thomas Alva Edison lo formuló de forma prosaica de la siguiente manera: «El genio no es otra cosa que trabajo y aplicación.»

La psicóloga Marilyn Ferguson realizó un amplio estudio en 145 personas, a las que se suponía una enorme capacidad visionaria. Casi todas ellas afirmaron que también otras personas estarían en situación de hacer cosas parecidas a las que ellos realizaban. No consideraban que la fuente de su inspiración estuviera tanto en los méritos de su inteligencia, sino en cualidades como una extraordinaria concentración y capacidad de atención, la falta de prejuicios, la intuición o prestar atención a la voz interior.

En este contexto encaja la siguiente declaración del físico y biólogo Leo Szilard: «El científico creativo tiene mucho en común con el pintor y el poeta. Es cierto que el científico está condicionado por el pensamiento lógico y la capacidad de análisis, pero cuando se trata de llevar a cabo un trabajo creativo éstos no son en absoluto suficientes. Los descubrimientos científicos, que han sido origen de avances revolucionarios, no se han deducido de forma lógica a partir de los conocimientos existentes: los procesos creativos en los que se fundamentan los progresos de la ciencia se realizan en el plano del subconsciente.»

Reconocer y aceptar las emociones

El reconocimiento de las propias emociones es el alfa y el omega de la competencia emocional. Sólo quien aprende a percibir las señales emocionales, a etiquetarlas y aceptarlas, puede dirigir sus emociones y ahondar en ellas. La clave de acceso al mundo emocional es la atención. Atención supone apercibirse y ser consciente del propio mundo interior con el objetivo de no ser avasallados por él.

La mayoría de nosotros hemos desarrollado estrategias de represión y de evasión para enmascarar o dar otro sentido a las emociones desagradables o inaceptables. De manera automática, y sin que seamos conscientes de ello, sólo permitimos el acceso a nuestra conciencia a determinadas emociones y anulamos otras. Porque no puede ser, porque no debe ser, nos prohibimos registrar como tal la cólera que nos hace sentir un bebé que no deja de berrear, o identificar esa latente irratibilidad como la envidia que nos produce la floreciente gestoría de un antiguo colega. Al hacerlo nos privamos a nosotros mismos de la oportunidad de averiguar más sobre nosotros mismos con la ayuda de nuestras emociones y poder tomar las correspondientes medidas correctivas.

Para percibir las propias emociones, manejarlas y desarrollarlas necesitamos un distanciamiento interior frente a nosotros mismos, que los psicólogos denominan *Meta-Mood:* la sensibilidad ante las propias emociones. A pesar de todo, el *Meta-Mood* y la atención no tienen nada que ver con la contemplación narcisista de uno mismo o la inactividad introspectiva al estilo de Hamlet. Se trata más bien de observar y relativizar desde fuera las propias turbulencias emocionales como un observador objetivo y neutral y, sobre todo, que no emita juicios de valor.

Existe una diferencia entre dar portazos de forma irreflexiva o decirse: «Estoy furiosa porque Juan ha invitado a sus padres a pasar con nosotros las vacaciones de Semana Santa sin consultarme.» Y es que la observación desapasionada de las propias emociones hace que se activen las conexiones neocorticales. El programa instintivo que llevamos incorporado y que es responsable de la reacción de indignación se debilita: nadie puede registrar con frialdad su propia indignación y al mismo tiempo estar encolerizado.

Y hay algo más: reconocer un estado anímico negativo significa querer librarse de él. Una vez se llega al razonamiento «estoy furiosa porque...» no se está muy lejos de encontrar una posible solución como, por ejemplo, «pues, por lo menos, que Juan se encargue de hacer las compras y de preparar la comida».

Cultivar la vida emocional de esta manera presupone tres cosas: dar entrada a las emociones, prestar atención a las señales emocionales e identificar el desencadenante.

- Deje de interpretar las emociones y someterlas a censura. Las emociones no son ni buenas ni malas, son simplemente información sobre nosotros mismos y nuestro bienestar anímico.

- Convierta en una costumbre el hecho de prestar atención a las señales emocionales que su cuerpo emite en todo momento: síntomas físicos como la súbita aparición de sudores, la tensión de los músculos, los dolores de cabeza, las contracciones del estómago o los sonrojos, pero también señales cognitivas como la falta de concentración, la irritabilidad, la excitabilidad, las cavilaciones o el vacío interior. Intente entonces describir del modo más acertado posible la emoción que siente: los celos, por ejemplo, pueden tener muchas facetas, dependiendo de si aparece en primer plano la autocompasión, la conmoción, la venganza, los sentimientos de inferioridad, el orgullo herido o la búsqueda de explicaciones.

- Averigüe qué desencadena la señal emocional: ¿Una conversación telefónica poco satisfactoria con el compañero? ¿Un reproche inexpresado de los padres? ¿La sensación de tener que cargar siempre con todas las tareas desagradables? ¿Sentimientos de inferioridad producidos, por ejemplo, por tener que realizar el desagradecido papel de ama de casa? ¿O quizás se trata de una simple reacción bioquímica, un cambio en el cóctel de neurotransmisores del cerebro, por ejemplo, en los días anteriores al periodo?

La atención nos ayuda a sacar el mejor partido posible a las emociones y estados de ánimo. Si llegamos a comprender bien nuestros motivos y la influencia que ejercen sobre nosotros, estaremos también mejor en situación para hacer lo correcto. Esto puede ir desde tomar un baño caliente contra la tristeza invernal, a la reflexión sobre el propio deseo de tener hijos a la vista de los sentimientos de envidia que se producen ante el aumento de la familia en nuestro círculo de amistades.

Manejar las propias emociones

Las emociones básicas como el hambre, la sed, el miedo, la ira, la sexualidad y el cuidado de los niños forman parte de nuestro equipamiento básico emocional. Están arraigadas biológicamente en nuestra naturaleza y forman parte de nosotros, tanto si queremos como si no. En cambio, el modo en que manejemos este tipo de formas de comportamiento innatas está en nuestras manos: poseemos la libertad de sopesar las diferentes posibilidades de actuación y de decidir de acuerdo con nuestros propios motivos y criterios.

Una prueba de nuestra libre voluntad es, por ejemplo, la posibilidad de la huelga de hambre. Respecto a esto, reproducimos aquí el comentario de Bernhard Hassenstein, que se dedica al estudio del comportamiento: «El hambre es, sin duda, un fenómeno biológico; a pesar de todo, el ser humano puede reprimirla para defender valores políticos o humanitarios, es decir, valores culturales, incluso hasta el extremo de provocar la propia muerte. Por lo tanto, la libertad de decisión del ser humano va más allá de los instintos biológicos de importancia vital.»

Las tres posibilidades fundamentales de dirigir el decurso de las emociones que nos asaltan son: el apaciguamiento, la represión y la modificación de la situación.

Apaciguamiento

Desde la infancia se nos ha enseñado que debemos dominar y reprimir nuestras emociones. «Los niños no lloran», «contrólate», «no te dejes llevar así»; una gran parte de nuestra educación emocional viene determinada por este tipo de advertencias. Como adultos, hemos aprendido bien la lección: sabemos cuándo debemos racionalizar la ira, la frustración y el miedo, cuándo no debemos manifestarla hacia fuera, sabemos reaccionar de manera práctica y no dejarnos avasallar por nuestras pasiones. A ello nos ayudan las estrategias que se han descrito en los capítulos dedicados a la indignación, al miedo y a la tendencia a la depresión.

Represión

La represión es una técnica de supervivencia en situaciones amenazadoras existenciales. Bruno Bettelheim comprobó en sus investigaciones sobre el comportamiento de prisioneros en campos de concentración que fueron muy pocas las personas que se desmoronaron realmente. Esto se explica porque la mayoría de los reclusos de los campos desconectaron por completo su nivel emocional e intentaron no achacar a sí mismos el horror que reinaba a su alrededor. Para poder sobrevivir tuvieron que desconectar sus emociones.

Los médicos que de manera permanente se ven confrontados con el sufrimiento y la muerte, recurren a menudo, de un modo parecido, al distanciamiento interior. Esto no sólo resulta perjudicial para sus pacientes, sino también para ellos mismos. La represión, a la larga, no es una solución. A largo plazo, lleva a un trastorno de las capacidades emocionales de percepción y vivencial, a la insensibilidad y al desacoplo del propio yo.

A pesar de todo, la represión es un mecanismo de defensa al que recurren de vez en cuando casi todas las personas: como a un vaso de vino o a un ligero tranquilizante. Lo que hay que saber al respecto: cuando la actitud de «más-vale-no-pensar-en-ello» se convierte en costumbre, puede llegar a crear una adicción, de la misma manera que el alcohol y los tranquilizantes.

Modificación de la situación

La palabra emoción procede del latín *emovere* (moverse hacia fuera), y con ello apunta —ya con sus raíces etimológicas— al movimiento y al cambio. Es cierto que, por lo general, las emociones van ligadas a un impulso involuntario de hacer algo. Las personas inteligentes desde el punto de vista emocional no se dejan arrastrar por sus emociones, sino que utilizan esta energía desencadenada para desarrollar nuevas competencias, fortalecer su confianza en sí mismas o asumir riesgos. Una mujer que por miedo a sufrir un ataque nocturno aprende una técnica de autodefensa, convierte su miedo en algo productivo: la capacidad de poder defenderse de un agresor hace el miedo más soportable y disminuye el peligro real. Lo mismo es válido para la persona que ha solicitado un puesto de trabajo sin obtenerlo y emplea su indignación en prepararse mucho más a fondo para la siguiente entrevista.

Sacar partido del potencial existente

Acreditados campeones deportistas saben que el entrenamiento mental es tan importante como la buena forma física. Alcanzar un máximo rendimiento requiere una combinación de emociones que hay que generar de forma consciente en uno mismo: fuerza de voluntad, la capacidad de automotivarse, una actitud básicamente optimista, un discurso positivo y la capacidad de inhibirse del espacio y del tiempo.

«Coge dos»: Control del impulso

En la década de los años sesenta, el psicólogo Walter Michel situó a un grupo de niños de cuatro años, en un parvulario de Stanford, ante la siguiente y difícil disyuntiva:

«Voy a salir durante un rato a hacer unas compras. Sobre la mesa hay un cuenco lleno de caramelos. Los que quieran, pueden coger uno ahora mismo. Pero los que consigan esperar a comérselo hasta que yo vuelva, podrán coger otros dos más.»

Algunos niños lo tuvieron muy claro: apenas el psicólogo que dirigía el experimento hubo abandonado la sala, cogieron su caramelo. Otros dudaron, pero no pudieron resistir la tentación y también lo cogieron. El tercer grupo, con la ayuda de toda clase de maniobras de distracción que inventaron ellos mismos, consiguieron esperar: durante veinte interminables minutos. Al final recibieron, tal y como se les había prometido, la doble recompensa. Un acto de madurez del cerebro emocional: los niños pacientes se habían dado cuenta de que el momentáneo «castigo» era poco en comparación con el «premio» prometido; consiguieron aplazar el instintivo impulso de pasar a la acción que va ligado a toda emoción; y supieron también hacer acopio de la constancia necesaria para mantener su renuncia durante veinte largos minutos.

Pero con eso no se daba todavía por concluido el experimento. Doce años más tarde, al final del período que abarca la High-School, se llevó a cabo un estudio detallado de los niños que participaron en el experimento. El resultado: aquellos que en el pasado habían esperado, seguían poseyendo la fuerza de voluntad necesaria para aplazar una gratificación, sabían arreglárselas ante los contratiempos, eran jóvenes comprometidos y seguros de sí mismos y habían revelado ser los mejores estudiantes. Los que se habían comido de inmediato el caramelo eran, por término medio, jóvenes inseguros, indecisos, envidiosos o celosos, les gustaba provocar peleas y sacaban malas notas en la escuela. Lo más sorprendente de todo ello: el test de los caramelos había tenido un mayor porcentaje de aciertos en cuanto al rendimiento escolar que el test de inteligencia a que también habían sido sometidos.

Por lo tanto, la fuerza de voluntad y la capacidad de sacrificarse por un objetivo más elevado contribuyen a la capacidad de rendimiento intelectual con independencia del cociente intelectual. La capacidad de controlar los impulsos es una condición previa indispensable para poder desarrollar los talentos innatos: ya sea para escribir un doctorado, hacer la prueba de acceso a la universidad utilizando una segunda vía, para entrenarse y correr una maratón o ahorrar para comprar una casa.

La fe mueve montañas: optimismo e higiene mental

Aquellas personas que han adoptado un discurso optimista («Estoy hecho polvo, pero la verdad es que hoy he trabajado mucho») a menudo obtienen resultados que en realidad están muy por encima de sus capacidades objetivas. El motivo: el potencial innato se ve transformado de forma efectiva por un optimismo realista.

Por el contrario, las personas con un discurso negativo («He vuelto a tener más suerte de la que merezco») a menudo, con su autocrítica, se ponen trabas a sí mismos: justifican sus fracasos:

- con referencias personales («¡Ojalá me hubiera levantado más pronto!», en lugar de decirse: «¿Quién habría podido imaginar que nevaría en octubre?»;
- con generalizaciones temporales («Nunca hablas conmigo», en lugar de: «Últimamente te muestras muy retraído conmigo»); o bien
- con generalizaciones de la situación («Soy un peligro para la humanidad cuando conduzco», en lugar de: «No he valorado correctamente la situación. Pero hasta el momento no había tenido ningún accidente en diez años»).

Dado que los pesimistas atribuyen sus derrotas a la incapacidad personal o la indefensión, es difícil librarse de ellas. Su voz interior intimidadora, amonestadora y refunfuñona hace que se comporten de forma más pasiva y más improductiva que las personas optimistas y que desesperen con mayor facilidad de sí mismos y del resto del mundo.

Lo mucho que el optimismo puede motivar a las personas lo demuestra una investigación que llevó a cabo el psicólogo Martin E. P. Seligman en 1988 con los miembros del equipo olímpico estadounidense. A partir de un test de optimismo, Seligman determinó primero el discurso personal de un grupo de nadadores. Algún tiempo después puso a entrenar a los nadadores. Cuando los deportistas salieron del agua se les comunicó un tiempo peor del que en realidad habían hecho. En la siguiente ronda se confirmó la sospecha de Seligman: mientras que los optimistas nadaron en un tiempo igual de bueno o incluso mejor, los pesimistas lo hicieron con una marcada lentitud.

El pesimismo se convierte con facilidad en una profecía que se cumple a sí misma. Se puede salir al paso de esto en la medida en que se controla la voz interior negativa con su modelo de discurso derrotista. Los juicios globales, las exageraciones y los achacamientos de culpa con los que uno se sabotea a sí mismo pueden ser substituidos por pensamientos racionales y más llenos de confianza.

Tomemos, por ejemplo, el caso del paciente que va a someterse a una difícil operación de corazón. Su voz interior le dice: «Ojalá hubiera hecho caso a mi médico de cabecera y no hubiera fumado tanto. Después de una operación como ésta ya no se es más que una ruina. Quién sabe si llegaré algún día a recuperarme del todo.» Para que este monólogo del paciente se haga más realista podría decirse: «Por supuesto, una operación como ésta no está exenta de riesgos. Pero me he informado a fondo acerca del doctor Meier. Es considerado una eminencia en su especialidad.

Mi estado general es bueno, dejando de lado esta historia del corazón, y hasta el día de la operación habré perdido como sea cinco kilos más.»

Todo va sobre ruedas: por qué el rendimiento crea adicción

¿Le resulta familiar? Hay momentos en que todo sale bien: los dedos encuentran solos las teclas del piano, el artículo que tenemos que escribir y que vamos aplazando desde hace días, de pronto somos capaces de redactarlo como si estuviéramos en trance, al jugar a golf la pelota vuela alta y lejos sin que tengamos que hacer los esfuerzos habituales y aterriza justo allí donde debía aterrizar.

¿Cómo puedo evitar las cavilaciones preocupantes y los soliloquios negativos?

Detener las cavilaciones cuanto antes.

Prestar frecuente atención a:
¿En qué pienso?

¿Cómo son mis soliloquios?

«Tachar» los pensamientos y palabras con connotaciones negativas («Tonto de mí» - «Todo me sale mal» - «Nunca sabré hacer esto»).

Interrumpir las cavilaciones, por ejemplo, hablando con amigos, llamando por teléfono a alguien, con una actividad que me distraiga, levantándome de la mesa de trabajo, haciendo algo estimulante en lugar de permanecer tumbado en la cama por la noche sin poder conciliar el sueño.

A MÁS LARGO PLAZO

Pensar y hablar más de lo bueno que tiene el presente y el pasado.

Implicarse en actividades, objetivos e ideas estimulantes.

Realizar con regularidad una actividad física, yoga, ejercicios respiratorios y de relajación.

Aclarar las preocupaciones y cargas, por ejemplo, escribiendo un diario o conversando.

Extractado de la edición del Süddeutsche Zeitung *del 11/12 de mayo de 1996.*

Esas fases álgidas, en las que utilizamos al máximo nuestra capacidad de rendimiento, en las que todo parece salir sin esfuerzo, el psicólogo estadounidense, de origen húngaro, Mihaly Csikszentmihalyi las denomina *flow*. Con esta palabra se hace referencia al estado de felicidad que produce la intensa dedicación a una tarea y que nos hace olvidar el espacio y el tiempo. La experiencia del *flow* actúa sobre la psique como una prolongada y sostenida descarga de adrenalina. Los estudios científicos indican que debemos agradecer esa sensación de felicidad que produce la euforia del rendimiento a una acción concertada de la dopamina —sustancia de gratificación propia del organismo— con el péptido colecistoquinina (CCQ). Tanto la dopamina como la CCQ están presentes, en abundancia, en una zona del sistema límbico que hace las veces de sistema de recompensa propio del organismo.

Hay medios y recursos para hacer que el cerebro mezcle este cóctel de recompensa embriagador. Para ello deben cumplirse dos condiciones:

Aplicación y energía.—Las experiencias de *flow* requieren la capacidad, el conocimiento y la absoluta identificación con un desafío. No es por casualidad que sean sobre todo los artistas, los deportistas campeones, los cirujanos, los escaladores o los jugadores de ajedrez quienes, gracias a las frecuentes experiencias de *flow*, se sienten espoleados a alcanzar rendimientos cada vez mayores. Las personas menos dotadas tienen la oportunidad de experimentar la euforia del rendimiento si mantienen un equilibrio entre el desafío y el nivel de rendimiento: si el contrincante en una partida de squash juega un poco mejor que uno mismo, o la pieza de saxofón que se está estudiando no es demasiado sencilla ni demasiado compleja.

Concentración.—Las experiencias de *flow* presuponen que aquello que hacemos nos cautiva. El propio yo, con sus miedos y dudas, pasa a un segundo plano. La tarea que nos incumbe se convierte en una forma de meditación. El propio trabajo y el esfuerzo concentrado nos dan alas, no un premio como la victoria o el éxito.

Por lo tanto, ese estado de fluidez no se obtiene de forma gratuita. Pero compensa más que el dinero o el reconocimiento por los esfuerzos que le hemos dedicado. Cada vez, cuando se produce, crecemos un poco más por encima de nosotros mismos.

Ponerse en el lugar de las otras personas

La inteligencia emocional no consiste sólo en saber manejar las propias emociones. Por lo menos tan importante como eso es la empatía, la percepción de las emociones de otras personas. Tanto si visitamos a un amigo en el hospital, discutimos nuestra relación amorosa, tranquilizamos a un niño de tres años enfurecido, respondemos a una campaña para recoger donativos o sencillamente queremos cuidar lo mejor posible de nuestro viejo coche: en todas estas situaciones se nos desafía a hacernos cargo de las vivencias, las dificultades y las expectativas de otras personas; incluso aunque nosotros mismos pensemos y sintamos de muy diferente manera. Esto presupone que estamos en situación de poder interpretar correctamente la expresión del rostro y la actitud corporal de los demás, de ver la situación desde su punto de vista y anticipar sus emociones.

La empatía como mecanismo de supervivencia

Desde el punto de vista biológico evolutivo, hasta hace pocas décadas, para el ser humano era vital para la supervivencia pertenecer a una comunidad. Por lo tanto, forma parte del repertorio emocional básico la capacidad de poder hacer una valoración de los estados de ánimo y de las intenciones de otras personas, establecer estrechas relaciones con ellas y enjuiciar las situaciones emocionales.

Experiencias con pacientes que presentaban lesiones cerebrales y experimentos quirúrgicos en el cerebro de monos demuestran que las lesiones, en particular las que se producen en el hemisferio cerebral derecho, en los lóbulos prefrontales y en la amígdala, producen trastornos en la comunicación emocional: así, por ejemplo, personas que han tenido un derrame cerebral o que han sufrido lesiones en el hemisferio anterior derecho, a menudo tienen dificultades con la prosodia del lenguaje. Esto significa que no registran el mensaje emocional de cualquier expresión hablada. Los pacientes que sufren aprosodia no perciben ninguna diferencia entre la expresión «ya nos veremos» dicha con cortesía o en un tono amenazador. A partir de este tipo de observaciones, puede deducirse que la reacción ante determinadas señales emocionales radica en la estructura del cerebro. La empatía, como la indignación, el miedo y la tristeza, forma parte de nuestro equipamiento biológico básico.

La empatía puede aprenderse

Sin embargo, la empatía sólo puede atribuirse en parte a procesos básicos neurobiológicos. Lo que hagamos con ella a partir de ahí depende en gran medida de la educación que hayamos recibido y de nuestro entorno cultural.

Numerosos tests demuestran que entre la empatía y la inteligencia académica no existe prácticamente ninguna relación. Norman Frederiksen estudió en un experimento cómo se las arreglaban los estudiantes de medicina para comunicar con una «paciente», durante una conversación simulada, que posiblemente padecía un cáncer de mama y que era necesaria la extirpación del pecho. Los estudiantes que habían sacado mejor puntuación en un test para evaluar sus conocimientos en la especialidad fueron los que menos calor humano y capacidad de empatía manifestaron durante la conversación.

Y en cambio, a la inversa, la capacidad de saber ponerse en el lugar del otro, puede influir de forma positiva en el éxito académico; por lo general, los niños que saben interpretar bien las señales no verbales sacan mejores notas en el colegio que los niños que poseen un cociente intelectual igual de alto pero cuya capacidad de empatía es menor.

Las bases para la sensibilidad y la compasión se establecen muy pronto. Tal y como descubrieron los psicólogos Richard Koesten, Joel Weinberger y Carol Franz, en una investigación a lo largo de un prolongado espacio de tiempo, es de particular importancia para el desarrollo de la empatía que ambos progenitores reaccionen con sensibilidad y de manera adecuada a las señales del niño. Un bebé sólo tiene una posibilidad de comunicar que tiene hambre o sed, que se aburre o que tiene los pañales mojados, que está cansado o le duele la barriga: llorar. De la capacidad de empatía de los padres depende entonces el que esa señal se descifre de forma correcta. Cuando los padres malinterpretan con frecuencia los deseos y necesidades del bebé —por ejemplo, le dan de comer aunque de hecho el niño se aburre—, el bebé no aprende a distinguir unas emociones de otras. Los resultados del estudio indican además que un tipo de educación que fomente el respeto, la delicadeza y la disposición al compromiso estimula la capacidad de empatía de los niños. Los niños que saben que todos los miembros de la familia tienen sus propias necesidades —una vez se convierten en personas adultas— pueden hacerse cargo del estado de ánimo y de los deseos de los demás mejor que los niños que han crecido siendo el centro de atención de toda la familia.

Admitir y manifestar las emociones

Saber ponerse en el lugar del otro presupone que conocemos nuestras propias emociones, las aceptamos y no las reprimimos. La persona que tiene miedo de sus propias emociones ignorará también —mientras pueda— las señales emocionales de otras personas. Los hombres, sobre todo, han aprendido a solucionar los conflictos y problemas a nivel práctico, no a nivel emocional. Entre los hombres, las dificultades en el trabajo, el preocupante diagnóstico médico, la disminución en la capacidad de rendimiento son pocas veces tema de conversación.

Quien se oculta detrás de una fachada de buen humor y de temas neutros (ordenadores, deporte, política, etc.) obliga a los demás a comportarse de esa misma manera. La empatía requiere relaciones auténticas, libres de toda apariencia. Es difícil mostrar simpatía a un amigo enfermo que bloquea de forma sistemática cualquier conversación sobre su situación. O percibir la inseguridad de una amiga que acaba de dar a luz su primer hijo, pero no se atreve a hablar de sus miedos durante el embarazo y el parto, ni de las noches en blanco.

Escuchar de forma activa

Cuando otras personas nos confían sus pensamientos, preocupaciones o miedos, la mayoría de las veces respondemos hablando de experiencias semejantes por las que hemos pasado nosotros («Sé de qué me hablas. Cuando hace dos años operaron a mi madre de la vesícula...»), o con consejos bien intencionados («Lo que pasa es que necesitas unas vacaciones», «Yo, en tu lugar, me negaría a hacer constantemente horas extraordinarias», «Cambia de médico de una vez»).

Ambas cosas pueden ser a veces de gran ayuda cuando se trata de problemas cotidianos. Sin embargo, en situaciones críticas o ante decisiones difíciles, estas reacciones referidas al propio yo son poco constructivas: es fácil que se dé el caso que nos perdamos por los derroteros de nuestras propias experiencias o que la otra persona se sienta arrollada, incluso presionada, y no se sienta de verdad comprendida.

La alternativa es «escuchar de forma activa», es decir, situarse en el mundo emocional y mental de nuestro interlocutor, sin hacer ninguna valoración del mismo. En la medida en que la información concreta que ofrece la persona en cuestión («Por supuesto, ese nuevo trabajo sería un gran desafío», «Jens y yo nos atacamos los nervios el uno al otro») es traducida por la persona que escucha en las emociones y sensaciones que hay detrás de las palabras («Te resulta difícil decidirte», «¿Crees que en tu interior te has distanciado de Jens?»), ayudará al interlocutor a aclararse con sus vivencias y a hacerse cargo de sus propias emociones. Escuchar de forma activa es una manera de ayudar a la autoayuda y, por lo tanto, representa una importante forma de comunicación para terapeutas y educadores. Tiene la ventaja de que la conversación sigue girando en torno a la situación de la persona afectada. Ella y su vivencia son el punto central, el oyente hace las veces de una caja de resonancia.

El cuerpo comparte las emociones

Hace unos diez años, los psicólogos Jacobo Grinberg-Zylberbaum y Julieta Ramos, de la Universidad de Ciudad de México, metieron a los participantes en un experimento, siempre de dos en dos, en una cámara de Faraday oscura e insonorizada. Los participantes en el experimento estaban sentados con los ojos cerrados a una distancia de medio metro y no debían ni hablar ni tocar al compañero. Su tarea consistía en tomar conciencia de la presencia del otro y establecer un contacto anímico con él. Durante los quince minutos que duró el experimento un electroencefalograma registraba las oscilaciones de potencial que se producían en el cerebro de las personas participantes en la prueba.

Grinberg y Ramos obtuvieron de esta forma veintiséis curvas de los fenómenos eléctricos cerebrales que presentaron a diferentes expertos independientes en todas las combinaciones posibles, tomadas de dos en dos. Lo sorprendente fue que los peritos, a partir de las muestras sincrónicas y en algunos casos casi coincidentes, pudieron reconstruir correctamente un 70 por 100 de las parejas.

Un estudio de los psicólogos Robert Levenson y Anna Ruef, de la Universidad de California, hace suponer un parecido fundamento fisiológico de la empatía. Levenson hizo filmar a una serie de matrimonios durante una discusión sobre un tema de pelea típico de cada pareja. Al mismo tiempo, registró sus datos fisiológicos, por ejemplo, los latidos del corazón y la sudoración. A continuación, Levenson pidió a ambos miembros de la pareja que vieran las tomas de vídeo por separado y fueran diciendo qué habían sentido ellos durante el enfrentamiento y cómo suponían que debía sentirse su pareja. También durante esta fase del experimento fueron registrados los datos fisiológicos.

El resultado: la mayor capacidad de empatía la mostraron aquellos participantes que durante la descripción de las emociones de su pareja reaccionaron físicamente de forma semejante a como lo había hecho el marido observado. En momentos de la discusión en los que el corazón del hombre latía más rápido, también aumentaba el ritmo cardiaco de la mujer, cuando reproducía las emociones de él. En cambio, en los participantes en el experimento que sólo podían describir de forma deficiente las emociones de su pareja, faltó también la sintonización corporal.

Crear relaciones sociales

La empatía es la capacidad de percibir el mundo interior emocional y vivencial de otras personas, por lo tanto, es la raíz de la interacción con otras personas. La competencia social, en cambio, está más relacionada con la convivencia externa de las personas, el desenvolvimiento social exento de fricciones y el control de las reglas del juego social. Para poder percibir el miedo de una hija a la escuela, es necesaria la empatía. Comunicar a la maestra este problema y ganar su complicidad requiere competencia social. Esto requiere, por ejemplo, crear un ambiente agradable para la conversación, saber convencer y motivar a otros, moderar los conflictos, contemplar los problemas desde distintas perspectivas, reconocer los sistemas de relación e interacción de los grupos.

No es ninguna casualidad que la competencia social en la vida —tanto en la profesional como en la privada— juegue un papel cada vez más importante; nunca antes, a lo largo de la Historia, los seres humanos habían estado tan obligados como en la actualidad a organizar por sí mismos su vida social. Hasta hace pocas décadas, la persona nacía en una sociedad ya existente, en la que cada cual sabía lo que podía esperar de cualquier otro y qué obligaciones tenía respecto a los demás. La densa red de compromisos mutuos y controles sociales dejaba poco espacio para la autonomía y la individualidad de cada uno. Pero, en contraprestación, las relaciones sociales eran algo que se daba por supuesto, de lo que no había apenas que preocuparse. A esto se añadió el cambio de una sociedad de producción a una sociedad de servicios y de información. De ahí que la comunicación y la interacción hayan adquirido, también en la vida profesional, una importancia cada vez mayor.

De las dificultades en las relaciones sociales

Mientras que los contactos entre los graduados de los clubes y universidades ingleses y estadounidenses se han considerado en todas las épocas un medio aceptado y respetado de apoyo mutuo, en otros países se considera un oprobio manifiesto haber conseguido —utilizando influencias— un piso antiguo a buen precio en el centro de la ciudad, el tan deseado puesto de trabajo de jornada reducida o la invitación a un congreso internacional. Nuestra sociedad, por lo general, establece asociaciones negativas de esta clase de éxitos con «enchufes», tráfico de influencias o amiguismo, pero nunca con méritos personales, energía y competencia.

Por el contrario, acostumbramos a pasar por alto con mucha facilidad el hecho de que en nuestra sociedad cada vez es más raro que las relaciones estables interpersonales se den sin tener que pagar una determinada tarifa. Como muy tarde, al trasladarse a vivir a otra ciudad, todo el mundo tiene que crearse de nuevo y por sí mismo —y, si es necesario, lo hará cuantas veces haga falta— su propio entramado social, sus relaciones y contactos. Pero las amistades y las relaciones hay que cuidarlas. Establecerlas y mantenerlas requiere un intercambio de prestaciones y contraprestaciones en muchos aspectos; renunciar a una película interesante, porque una amiga llama por teléfono y quiere hablar de un problema que tiene con la educación de sus hijos; mantener el contacto con los viejos amigos de la facultad; cuidar del hijo de los vecinos, porque la canguro se ha puesto enferma; acordarse del cumpleaños del jefe; ayudar a unos conocidos, un domingo por la tarde, a solucionar una inundación en el sótano; invitar a tomar café a alguien a quien conocemos sólo de forma superficial. Todo ello requiere prestar atención a las emociones, a los asuntos y a los problemas de otras personas y dejar para más tarde nuestros propios deseos, y además cuesta tiempo, esfuerzos, dinero y estar dispuesto a asumir compromisos y a correr riesgos.

Visto así, es lógico que nuestras diversas relaciones sociales produzcan un rendimiento: ya sea proporcionándonos información ventajosa, un progreso profesional, libertad de movimientos, seguridad interior y exterior, un efecto amortiguador en situaciones de estrés, o un enriquecimiento de la propia vida.

La clave para el éxito social

La base de los lazos sociales es, por lo tanto, trabajar la relación. Sin embargo, podemos encontrar en todas partes niños y adultos que se esfuerzan por cultivar contactos, pero una y otra vez se encuentran con el rechazo. La mayoría de las veces ni siquiera ellos mismos saben a qué puede deberse.

Sus congéneres lo saben mejor: los automarginados sociales resultan en cierto modo «raros», se ríen cuando está fuera de lugar, no saben cuando ha terminado una conversación, hablan demasiado o demasiado poco, o siempre sólo de sí mismos, se aproximan en exceso a su interlocutor, ya sea físicamente o con preguntas indiscretas, evitan el contacto visual. Los psicólogos dan a este comportamiento el nombre de disemia: la incapacidad para interpretar de forma correcta las señales emocionales.

Los disémicos carecen, entre otras cosas, de competencia en tres ámbitos en los que las personas que sí tienen aptitudes sociales son brillantes: sensibilidad para las señales corporales propias y ajenas, dosificación adecuada de las emociones y sincronización de las propias emociones con las del interlocutor.

Hablar con el cuerpo

En una sesión de *brainstorming*, Lena hace una propuesta. Su jefe le dice: «Una buena idea, doctora Reichenberg», mientras hace un gesto de rechazo con la mano y dirige su atención a otro de los participantes. El jefe conoce las reglas del *brainstorming:* permitir el flujo de ideas, aplazar las críticas para más tarde. Cree atenerse a eso con su comentario de reconocimiento. Pero su cuerpo habla otro lenguaje.

Nuestra comunicación con las otras personas no sólo se produce a través de coloquios, conversaciones, tertulias o *small talk,* sino por lo menos en la misma medida, por medio de la mímica, los gestos y el tono de voz. Las señales no verbales determinan el clima de la conversación y —al menos en la gran mayoría de los casos— ponen mucho más de manifiesto la imagen que tenemos de los demás que nuestras palabras; hay que tener en cuenta que, a pesar de todos los seminarios especializados, resulta bastante más difícil controlar las reacciones del cuerpo que los hábitos en el uso del lenguaje. Las personas con aptitudes sociales emplean de forma consciente su lenguaje corporal. Sin embargo, esto no significa que ensayen y reproduzcan de forma mecánica determinados movimientos corporales, sino que se concentran mucho más en observar el lenguaje corporal propio y el ajeno y en percibir de forma sensible las reacciones no verbales.

Un maestro de la comunicación no verbal es el moderador Alfred Biolek. Reproducimos a continuación un comentario al respecto del entrenador de comunicación Gert Semler: «Alfred Biolek consigue, como muy pocos de sus compañeros de profesión, crear en pocos momentos, incluso cuando la conversación trata de temas difíciles, un clima de confianza, casi de intimidad. Sabe transmitir a su invitado el mensaje de que desea comprender qué es lo que lo impulsa, qué es lo que lo motiva, lo que lo hace sufrir. Adopta una postura corporal parecida, se amolda a su tono de voz y al ritmo de su discurso, y la expresión de su rostro cambia —en función de cómo se siente su interlocutor en cada momento— entre una alegre satisfacción, un ceñudo escepticismo y la más profunda tristeza.»

En cambio, Roger Willemsen, colega de Biolek, apuesta, sobre todo, por la comunicación verbal: «Está acostumbrado a investigar el mundo y a las personas con la fuerza de su espíritu, y confía más en la palabra pronunciada que en el lenguaje del cuerpo. Por lo tanto, presta menos atención a éste. Por eso a veces se producen situaciones en las que Willemsen —en su sincero esfuerzo por saber más de su invitado— ignora por completo claras señales defensivas, como el gesto de apartar o echar hacia atrás la cabeza o la parte superior del cuerpo, y se inclina aún más hacia él. O bien sigue sonriendo encantador, animando a su interlocutor cuando es evidente que éste no tiene ningunas ganas de reírse.

Las señales no verbales que mandamos a un interlocutor influyen de manera directa en su estado de ánimo y en su comportamiento: el interlocutor se convierte en la imagen refleja de nosotros mismos. Vale la pena, por lo tanto, desarrollar una mayor capacidad de percepción para el lenguaje del cuerpo. No con el objetivo de manipular o de imponernos, sino para enriquecer nuestra comunicación con los demás, en una dimensión adicional.

Emociones bien dosificadas

Qué emociones pueden mostrarse y cuáles no, dependerá de los modelos sociales, definidos de manera distinta, no sólo en las diferentes culturas, sino incluso en los pequeños grupos de la sociedad. De ahí que las diferencias en la forma de manifestar las emociones fuera —durante los primeros tiempos después de la reunificación alemana— un motivo para el miedo al contacto de los alemanes: un alemán del oeste tiene problemas en un hotel de Leipzig con su tarjeta magnética y no puede abrir la puerta de su habitación. Un huésped del hotel, un alemán del este que en ese momento pasa por allí, le dice con amabilidad: «Ayer tuve este mismo problema», le quita al alemán del oeste la tarjeta de las manos, sin pedírsela, e intenta abrir la puerta. Por un momento, el alemán del oeste se siente irritado —acostumbrado al frío distanciamiento de la sociedad del bienestar de la Alemania del oeste, percibe la intervención activa y espontánea del alemán del este, que pretende ayudar, como una extralimitación.

Cuanto mayor es nuestra competencia social, mejor se adaptan nuestras emociones a los «esquemas emocionales» o reglas de expresión que son aceptables en un contexto social. Éstas determinan quién, cuándo y qué emociones pueden manifestarse hacia fuera y de qué manera. Dependiendo de la situación, puede que sea necesario:

- minimizar la emoción («Simplemente, tenía un buen día» después de una presentación que ha ido bien);
- exagerar la emoción («Buen golpe», cuando la pelota de una principiante al menos no ha ido a parar fuera de la pista), o
- compensar una emoción («Lamentablemente, tenemos entradas para ir a un concierto esta noche. De no ser así, por supuesto que nos habría encantado venir» al recibir una invitación a un pase de diapositivas).

Las reglas válidas para los hombres son diferentes para las mujeres. Un mismo comportamiento se considerará en un hombre poco masculino y, en cambio, en una mujer se calificará de una gran sensibilidad; en él se considerará dinámico, en ella agresivo; en él pragmático, en ella frío y duro. Y ya los niños pequeños aprenden que, al recibir un regalo poco acertado, también hay que dar las gracias y que no hay que hacer aspavientos cuando se ha llegado el último en la competición de esquí. Pero no es nada sencillo dosificar las emociones al mostrarlas: un exceso de modestia, admiración o consideración puede producir en el otro un efecto tan irritante como la exteriorización desmedida de las emociones.

Sobre la consonancia anímica y la fascinación que ejercen las emociones

En un artículo del 31 de mayo de 1996, *Die Zeit* hace un retrato en extremo positivo del presidente de la ÖTV, Herbert Mai. La autora describe a Mai como una persona sensible, reflexiva, capaz de imponerse, alguien que presta oídos a la base, pero que, al hacerlo, no se descentra. A pesar de toda su aptitud emocional, el presidente de la ÖTV tiene una debilidad que dificulta su éxito: «Herber Mai lo es todo menos un orador que entusiasme. Tampoco da ninguna importancia al hecho de despertar emociones y de esta manera poner a los demás de su parte. Él mismo lo reconoce: "Es algo que no sé hacer." También el efecto que produce su presencia en el estrado es más bien torpe y soporífero. No tiene nada del clásico sindicalista ruidoso e implicado en la lucha de clases, ni en los gestos, ni en la elección de las palabras.»

Los oradores retraídos como Herbert Mai deben convencer con argumentos allí donde los líderes de opinión carismáticos ponen en juego la fuerza de las emociones. Un gran atrevimiento: la derrota de Rudolf Scharpings frente a Oscar Lafontaine durante la asamblea general del partido del SPD en 1995 demostró que la audiencia es más accesible a la movilización de los estados de ánimo existentes de forma latente que a la seca apelación al sentido común.

Ya C. G. Jung lo sabía: «Las emociones son contagiosas.» Lo que él dedujo basándose en observaciones, está siendo confirmado por numerosos estudios. Y son sobre todo las personas muy expresivas, que se exponen a la vista de todos, las que cautivan a las personas más pasivas con sus emociones. Cuanto mayor es el acento emocional que pone una persona al expresarse, cuanto más manifiesta su estado de ánimo por medio de la mímica y de los gestos, más probable es que sus emociones se contagien a sus oyentes.

Las personas capaces de admitir las emociones de los demás poseen una elevada receptividad para las señales emocionales. De forma inconsciente, y casi sin darse cuenta, imitan la mímica y la actitud corporal de su interlocutor, el ritmo de su discurso y su tono de voz, y de esta manera consiguen establecer las condiciones previas para que se produzca la consonancia anímica.

Cuanto más elevada es la sintonía corporal, más intensa será también la armonización de las emociones. La sincronización de las emociones determina si se tiene la sensación de estar en la misma longitud de onda que otras personas o no. Es una necesidad para mantener unas buenas relaciones: en el trabajo, en la familia, en la pareja y en el trato cotidiano con otras personas.

Tercera parte

Vivir mejor utilizando la inteligencia emocional

El amor no basta: la inteligencia emocional en la vida de pareja

LOS SOLTEROS POR CONVICCIÓN son la excepción. La mayoría no han encontrado todavía el hombre o la mujer de su vida.

¿Cómo podemos darnos cuenta de quién es la persona adecuada para nosotros? La mayoría de las veces echamos en saco roto el consejo de nuestra mejor amiga, las objeciones de nuestro mejor amigo, las advertencias de unos padres preocupados. Y pocas veces es nuestra razón la que tiene la última palabra en la elección de la pareja. Los móviles racionales como la seguridad material, la independencia de los padres o el reconocimiento social en las sociedades modernas occidentales como la República Federal Alemana juegan un papel cada vez menor. Las relaciones son asuntos del corazón: su capital inicial son las emociones: el amor, la confianza, la simpatía, la pasión.

Pero al parecer, a la larga resulta difícil mantener las emociones afectuosas y saberse manejar con los cambios emocionales de una relación que hemos iniciado: en la actualidad, las personas que contraen matrimonio tienen justo el 50 por 100 de posibilidades de haber establecido efectivamente un lazo para toda la vida. Los consejeros matrimoniales saben que, en definitiva, muchas relaciones fracasan a causa de la incapacidad de reconocer las propias emociones y comunicarlas de manera adecuada. De las ca-

pacidades emocionales de ambos miembros de la pareja
depende de forma decisiva cuándo se producirá el venci-
miento de una relación amorosa.

Los mundos emocionales del hombre y de la mujer

¿Les resulta familiar? Apenas nuestra mejor amiga o
nuestro mejor amigo empieza una relación de pareja, tanto
en un caso como en otro, nos parece que los hemos perdido por lo que respecta a la vieja amistad que nos unía. Se
acabaron las conversaciones que sosteníamos ante una
botella de vino o tomando tranquilamente una cerveza.
Pero no hay que preocuparse: por lo general, esa relación
exclusivista con la pareja no es más que una fase pasajera.
Ni siquiera la relación de pareja más armónica puede sustituir la conversación de mujer a mujer o de hombre a hombre. En esas conversaciones encontramos sin esfuerzo alguno lo que pocas veces podemos experimentar con nuestra
pareja; y, si llega a darse, sólo se produce después de sub-
sanar muchos malentendidos: la sensación de estar en la
misma longitud de onda emocional.

Proximidad e independencia

En 1991 se publicó en Alemania el *best-seller* de la
sociolingüista Deborah Tannen *Du kannst mich einfach
nicht verstehen* («Es que tú no puedes entenderme») (edición original de 1990 en U.S.A.). La autora demuestra de
forma científica lo que la experiencia cotidiana nos enseña:
para los hombres y para las mujeres la proximidad y la
independencia tienen un valor diferente en la escala de
prioridades de cada uno. Allí donde el hombre desea tran-
quilidad y libertad, la mujer busca compañía y vínculos.

Esto lo confirma también un estudio estadounidense realizado en más de cien mujeres y hombres que, a partir de imágenes —a las que podían darse múltiples interpretaciones—, debían contar la historia de alguna relación. La valoración de estas historias demostró que la mayoría de los hombres percibía la intimidad como una amenaza; tenían miedo de quedar atrapados en relaciones demasiado estrechas. Por el contrario, la mayoría de las mujeres temían poner en peligro la relación a causa de una independencia demasiado grande.

En las relaciones de pareja, el deseo femenino por una relación estrecha y el miedo masculino ante una proximidad excesiva pueden degenerar en una espiral de presión-huida. Tomemos el ejemplo de Teresa y Stefan: ambos constituyen una joven pareja. Teresa quiere pasar la mayor parte posible de su tiempo libre con Stefan. Apenas dedica ya tiempo a sus propias aficiones y a sus amigos. Stefan hecha de menos las horas libres que podía dedicar por completo a hacer lo que se le ocurriera. Para defender sus espacios de libertad, cada vez con más frecuencia, hace cosas por su cuenta, sin contar con Teresa. Queda con sus amigos para pasar la velada entre hombres o para ir de copas, y hace poco ha empezado a ir una o dos veces por semana a jugar a squash.

Teresa interpreta su comportamiento como señal de que él ya no está tan interesado en la relación y anda buscando a «otra» por ahí. Lo agobia con preguntas, reclamando su atención, haciéndole reproches. Stefan, que se siente acorralado y controlado, se retrae todavía más. El comportamiento retraído de él y la actitud absorbente de ella se alimentan mutuamente y producen una escalada. Se inicia un círculo vicioso que será difícil que se rompa, ya que el mal ambiente entre ellos provoca una y otra vez nuevas discusiones por cuestiones secundarias. Llegados a este punto, el famoso tapón de la pasta de dientes que uno de los dos siempre se olvida de volver a enroscar puede bastar para producir una ruptura definitiva.

Manifestar las emociones

La mayoría de las mujeres están dispuestas a hablar con personas de confianza sobre sus emociones: ¿Quién no conoce las interminables conversaciones telefónicas con las amigas sobre problemas con la pareja o en la educación de los hijos? En cambio, a los hombres les resulta difícil manifestar sus emociones. Prefieren discutir con sus amigos con todo detalle los últimos resultados de fútbol, los penaltis que no se han convertido en goles o la incapacidad de algunos políticos. Muchas mujeres suelen toparse con un muro cuando intentan sacar a su pareja declaraciones sobre su vida emocional. A veces, llegan a plantearse muy en serio la siguiente pregunta: ¿Tienen acaso los hombres algún tipo de vida emocional?

De hecho, Edward Diener, psicólogo de la Universidad de Illinois, basándose en estudios casuísticos, comprobó que las mujeres experimentan de forma más intensa los máximos y mínimos emocionales. Como ejemplo de una emotividad femenina extrema, Diener describe el siguiente caso: una mujer se enteró de que una zapatería exclusiva, en Chicago, hacía liquidación de sus existencias. Como vivía en una ciudad pequeña, pocas veces tenía la oportunidad de comprar en las caras tiendas de Chicago. La idea de poder comprar a buen precio zapatos exclusivos la entusiasmó de tal manera que lo dejó todo tal como estaba, cogió el coche y se fue de inmediato a Chicago; un viaje de tres horas. Muchas mujeres podrán reconocer algo de sí mismas en esta historia, la mayoría de los hombres sólo menearán la cabeza. A sus ojos, no tiene ningún sentido emprender un viaje tan largo sólo por un par de zapatos de moda.

Sin embargo, el misterio no está tanto en que los hombres sean más fríos por naturaleza. Sino, sobre todo, en que tienden a ocultar sus reacciones emocionales. Los hombres, a la vista de un niño que llora, por ejemplo, muestran los mismos síntomas fisiológicos de excitación emocional (subida de la presión sanguínea, aumento de la sudoración) que las mujeres. Pero mientras que la mayoría de las mujeres reaccionan con prontitud e intentan tranquilizar al niño, la mayoría de los hombres, ante las circunstancias, se muestran en apariencia indiferentes.

La responsabilidad del retraimiento masculino en todo cuanto se refiere a las emociones sería, sobre todo, la diferente socialización de niños y niñas. Precisamente en el ámbito emocional, los chicos tienen experiencias del todo diferentes a las de las chicas; incluso cuando sus padres se esfuerzan en no hacer diferencias en la educación entre hijos e hijas. Esto se debe a que a partir del séptimo año de vida las niñas suelen rodearse, de forma casi exclusiva, de otras niñas, y los niños de otros niños. Antes de llegar a la pubertad, entre los niños y las niñas apenas hay puntos de contacto, a pesar de que la mayoría de las escuelas practican la educación mixta. Es muy poco frecuente que una niña y un niño compartan el pupitre de la escuela de forma voluntaria, y, cuando lo hacen, esto provoca siempre risitas en el resto de la clase.

Las investigaciones sobre los juegos comunes y el trato entre unos y otros mostraron importantes diferencias entre los grupos de chicos y los de chicas. Los juegos, en los grupos de chicos, ponen el acento en el tema de la competitividad; en definitiva, cada uno de ellos es un competidor individual. Cuando un chico jugando al fútbol se tuerce un tobillo, los otros esperan de él que se quite de enmedio para que pueda seguir el juego. El herido recibe poca compasión. Al contrario, incluso debe contar con que los demás se mofen de él si se porta como un «quejica». En los grupos de niñas prevalece el aspecto de la cooperación: cuando una de las niñas jugando a pelota se tuerce un tobillo, las otras interrumpen el juego y consuelan a la herida. Ella se convierte en el centro de la atención. Si no puede seguir jugando, lo más probable es que su mejor amiga también deje de jugar para seguirse ocupando de ella.

El psicoterapeuta estadounidense William S. Pollock considera que las raíces de la vergüenza masculina ante las emociones está en la temprana separación de la madre. En muchas familias, a los hijos varones se los «independiza» de la madre antes que a las hijas. Al fin y al cabo, un chico debe acabar convirtiéndose en un «verdadero hombre»: debe aprender a ser duro y a imponerse, y a dar prioridad a la razón y a la lógica por encima de las emociones —los hombres no lloran—. Marcado por las ideas sobre la virilidad que prevalecen en su educación, muchos hombres tienen miedo de parecer poco masculinos si muestran sus emociones.

Hablar de las emociones

Martina ha descubierto las primeras huellas de la edad: es tan inútil negar las muchas arrugas alrededor de los ojos como la celulitis de los muslos. Está deprimida y teme haber perdido ya su atractivo. A su marido Bernd le llama la atención el estado de ánimo decaído de Martina. Le pregunta qué le pasa. Ella le cuenta su dilema. El comentario de él: «En último extremo, dentro de unos años puedes hacerte un lifting»; Martina está indignada: ¿Acaso él la encuentra ya tan poco atractiva? ¿Se toma siquiera su problema en serio? Ahora se siente todavía peor que antes. Por fin habla con una amiga. Ésta la escucha llena de comprensión: ella también ha comprobado con horror que los años no pasan en vano. Martina se siente comprendida. Después de esta conversación se siente mucho mejor.

Bernd reacciona de una forma típicamente masculina: los problemas están para solucionarlos. A Bernd las arrugas de Martina no le molestan en absoluto, pero se da cuenta de lo mucho que le importan a ella. Así pues, cojamos al toro por los cuernos. No se da cuenta de que con su práctica propuesta para la solución del problema lo único que ha hecho es herir a Martina. Ella quería algo muy diferente: un oyente comprensivo que contemporice con su momentánea melancolía.

Simón llega a casa muy eufórico. Su entrevista de trabajo ha sido un éxito. Le cuenta a su novia, con todo detalle, cómo ha conseguido impresionar al jefe de personal. Anja lo escucha durante un rato. Busca entre sus recuerdos sus propias entrevistas de trabajo: ¡Sabe muy bien cómo son esas entrevistas! El buen ánimo de Simón se desmorona: ¡Hoy es su día! ¡Él es hoy el protagonista!

Anja con su reacción quiere poner de manifiesto que entiende a Simón, que puede ponerse muy bien en su lugar. A él le llega un mensaje del todo diferente: ella degrada su triunfo, lo hace pequeño y cotidiano. ¡Y es que cuando por una vez los hombres manifiestan sus emociones quieren tener la exclusiva!

La percepción distorsionada

Susanne y Uwe están enamorados desde hace poco. Juntos asisten a la fiesta de un amigo que ha obtenido su licenciatura. No quieren ser una de esas parejas que en las fiestas no se separan ni un momento. La mayor parte de la velada conversan separados uno de la otra con sus amigos. De vez en cuando se lanzan miradas tiernas, se sonríen, ambos disfrutan de la fiesta.

Cinco años más tarde. Susanne y Uwe —que ahora están casados— han sido invitados a una fiesta de cumpleaños. Uwe lo está pasando muy bien. Susanne no acaba de sintonizar con los otros invitados. Los temas de conversación la aburren. A menudo lanza a su marido miradas irritadas. A Uwe lo está poniendo nervioso el malhumor de ella y evita el contacto visual. Ya durante el camino de regreso a casa, Susanne ataca furiosa a Uwe: «Ha sido otra vez muy típico de ti. Tú te diviertes y a mí me dejas de lado. No eres más que un egoísta desconsiderado.»

¿Qué es lo que les ha pasado a esos dos en estos cinco años? Con toda seguridad, hace tiempo que Susanne ha dejado de ver a Uwe a través de las gafas con cristales rosa. Por lo general, al principio de una relación no vemos a nuestra nueva pareja con objetividad. Ignoramos los hábitos de comportamiento que normalmente nos molestan o los adornamos. En cambio, en las relaciones prolongadas a menudo se acaba estableciendo una especie de mar de fondo cuyo efecto consiste en una constante predisposición a la ira. También en este caso nuestra percepción de la pareja está distorsionada; ahora, de manera automática, se da a su comportamiento una interpretación negativa. Los más pequeños pretextos bastan para avivar las brasas de una permanente ira. En el fondo de nuestra mente existe ya una larga lista de buenos motivos para estar furiosos con nuestra pareja. En Susanne ha arraigado el convencimiento de que su marido sólo piensa en sí mismo y que ella es víctima de su falta de consideración. Cada una de las cosas que él hace es examinada con desconfianza: ¿Ignora él de nuevo los intereses y las emociones de ella? Como consecuencia de todo esto, ella interpreta la actual situación exclusivamente de un modo desfavorable. Y alimenta su cólera con pensamientos que no tienen nada que ver con el problema de ese momento.

También Uwe se ve a sí mismo como una víctima: su mujer cuestiona su carácter. Esto lo hiere y lo enfurece. Así que pasa al contraataque: «¿Qué culpa tengo yo de que nadie quiera conversar contigo? ¡No es de extrañar con el mal humor que provocas a tu alrededor!» O bloquea cualquier enfrentamiento ulterior, marchándose sin decir nada y recluyéndose de entrada en el silencio.

La disputa constructiva

¡Las discusiones en las relaciones no tienen por qué ser una guerra de los Rose! Al contrario: en lugar de tener un efecto destructivo, los conflictos pueden convertirse en una oportunidad de mantener y aumentar la satisfacción de ambos miembros de la pareja.

Cronometraje correcto

Sandra tiene a sus espaldas un largo día de trabajo. Está agotada y además irritable: se ha enterado de que una compañera de trabajo se dedica a intrigar contra ella. Su compañero, Hannes, hace rato que la espera con la comida preparada. Está enfadado y manifiesta su enfado de inmediato: «Escúchame bien, esto no puede continuar así. ¡Es como si te hubieras casado con tu empresa!» Sandra estalla: «¡Tú sabrás! ¡Déjame en paz!»; y se quita de enmedio encerrándose en su habitación. La velada está destrozada.

Hannes debería haber averiguado primero el estado de ánimo de Sandra. Entonces se habría dado cuenta de que en esos momentos ella no está en situación de mantener una discusión como es debido: primero tiene que relajarse. Más tarde, mientras toman juntos una copa de vino, Hannes puede poner el problema sobre la mesa: debido a la intensa dedicación de Sandra a su trabajo, su vida privada se ve perjudicada.

Aunque haya que esforzarse por encontrar el momento más adecuado: los conflictos no deben aplazarse durante demasiado tiempo. Cuando la indignación que nos hace sentir nuestra pareja se ha ido convirtiendo en un largo registro de agravios, es muy poco probable que los enfrentamientos sean constructivos, ni siquiera en el mejor de los equipos.

Mensajes emitidos desde el yo

Los ataques personales —*los mensajes del tú*— ponen en entredicho la persona del otro. «¡Eres un despilfarrador!»

La persona que es atacada de esta manera se siente herida y humillada. Y entonces intentará, de una manera o de otra, pagar con la misma moneda: «¡Y tú una urraca mezquina!» Es fácil imaginar lo que sucederá a continuación: ambos se sienten ahora incomprendidos y tratados de manera injusta. Precisamente el desprecio por parte de la persona que mejor debería conocernos enfurece a cualquiera. La ira mutua provoca una escalada que conduce a ofensas cada vez más hirientes: ¿Por qué habría que tener consideración por los sentimientos del otro? Al fin y al cabo, sus ataques tampoco conocen límites.

O bien el miembro de la pareja que es agredido bloquea cualquier enfrentamiento ulterior y se retira tras un muro de silencio lleno de rechazo. Es probable que descargue la agresividad contenida mediante un acto de sabotaje: devolverá el golpe en la primera oportunidad que se le presente boicoteando algún ritual de su vida en común, por ejemplo, las compras que siempre hacen juntos el sábado por la mañana.

Los mensajes del tú no solucionan ningún conflicto, al contrario, crean incluso nuevos problemas. Las parejas en cuyas discusiones prevalecen los mensajes del tú destruyen de forma sistemática la base de su confianza mútua.

Promete muchas más posibilidades de éxito la estrategia de comunicar a la pareja mensajes emitidos *desde el yo,* las cosas que le preocupan a uno mismo, lo que le mortifica, lo que le indigna: «Me preocupa nuestra situación económica. Me parece que no deberías haber comprado un nuevo ordenador justo en este momento.» Este mensaje no contiene ningun juicio peyorativo del otro. Las emociones manifestadas (preocupación por la situación financiera) no se universalizan: YO me preocupo. Al otro miembro de la pareja no se le ha quitado el derecho de ver la situación de otro modo: quizás tiene una menor necesidad de seguridad y, por lo tanto, todavía no ve motivo alguno de preocupación. El mensaje emitido desde el yo indica la predisposición a respetar la postura de la pareja (y a no etiquetarlo de entrada como «despilfarrador»). Esta actitud hace que el otro pueda aceptar una discusión constructiva en lugar de enfurecerse y bloquearse interiormente. En la conversación que pueda tener lugar a continuación ambos miembros de la pareja podrán llegar a una valoración de la situación financiera y encontrar un compromiso aceptable para ambas partes.

De todas formas, los mensajes emitidos desde el yo se quedan vacíos de contenido y, por lo tanto, no tienen éxito cuando no son sinceros. Expresados con un tono de voz acusador o con una expresión de desprecio en el rostro, provocan las mismas reacciones emocionales que los mensajes del tú: humillación, ira, rechazo. Y según y cómo, el otro todavía se enfada más ante un falso mensaje emitido desde el yo: con su aparente juego limpio, el atacante (que eso es en realidad) se lava las manos. Si el atacado reacciona con ira porque se siente provocado por el tono de desprecio o la expresión del rostro, él es el malo. Quien permite que su pareja se ponga así, no debe maravillarse de que no se apee del burro con rapidez.

Manejo de la ira

Christoph está furioso. Esa misma mañana Pía le había prometido que recogería sus camisas de la lavandería. Ahora resulta que se le ha olvidado. Lo peor es que, a primera hora del día siguiente, Christoph tiene que emprender un viaje de negocios de varios días y la lavandería ya está cerrada.

Si ahora Christoph estalla y le grita a Pía, va a producirse una pelea sin sentido. La velada transcurrirá de forma desagradable; Christoph no sólo se marchará de viaje sin camisas, sino que lo más probable es que lo haga también sin haber dormido suficiente y de mal humor. Un estallido de ira no solucionará su problema, ni será bueno para su relación. Y, con ello, Christoph ni siquiera podrá deshagogar su ira. Los psicólogos han constatado que la ira no hace más que aumentar cuando se le da rienda suelta; en la actualidad, la idea tan extendida del efecto catártico que tiene un estallido de ira ha sido ya refutada por los resultados de numerosos estudios.

La situación es muy diferente si el mismo Christoph reconoce que se siente embargado por la ira. Esto le da la oportunidad de distanciarse de sus emociones en lugar de dejarse arrastrar por ellas y decir o hacer cosas que sólo empeorarían la situación. Llegado a este punto, puede esforzarse de forma activa para dominar su irritación; quizás dar un paseo hasta que su nivel de adrenalina se haya normalizado de nuevo. Luego, con la cabeza despejada, pensará en la posibilidad de que le manden las camisas. Ahora sería también el momento adecuado para tener una seria discusión con Pía: quizás su carácter olvidadizo es a menudo causa de dificultades que sobrecargan de forma innecesaria su vida en común.

De todas formas, sería fatal, durante esa fase de enfriamiento, dar vueltas a pensamientos generadores de ira: «¡Para una vez que me fío de ella!», «Tengo que ocuparme yo de todo», «No tiene el más mínimo interés por mis cosas». Eso alimentaría de nuevo la ira. La divisa es: distracción. Son adecuadas, en particular, las actividades que requieren la implicación de la mente, como ir al cine o leer el periódico. Y además deben ser divertidas: al ocuparse de algo agradable es más fácil tranquilizarse. Ponerse a hacer de una vez la declaración de renta que se va aplazando sería poco adecuado como maniobra de distracción.

La mejor manera de suavizar las emociones coléricas es buscar argumentos de descargo para el comportamiento del otro («De hecho, pocas veces se le olvidan las cosas», «A lo mejor tenía muchas cosas en las que pensar hoy»). Esta clase de pensamientos debilitan las ideas que alimentan la ira.

Algunas personas eliminan las agresiones de su ánimo corriendo. La ira lleva al cuerpo a un elevado estado de excitación. El esfuerzo que requiere el ejercicio físico lo devuelve a un estado de excitación más bajo. Por el mismo principio, pueden ser de ayuda los métodos de relajación como el entrenamiento autógeno.

¿Y cuando —como sucede tantas veces— en plena discusión nos ciega la ira? En presencia de la pareja no se conseguirá dominar ese arrebato emocional: al fin y al cabo, en ese momento esa persona es el trapo rojo que se agita ante nuestros ojos. Lo único de verdad efectivo es establecer una tregua y, de momento, batirse en retirada. Cuando el arco se haya aflojado será posible un enfrentamiento imparcial.

Ser un profesional competente no lo es todo: la inteligencia emocional en el trabajo

HENRY FORD, el fundador de la exitosa empresa estadounidense del automóvil dijo una vez: «Si hay un secreto para el éxito, es el siguiente: entender el punto de vista del otro y ver las cosas con sus ojos.»

De ser cierta esta receta para el éxito, no es suficiente esforzarse por conseguir una buena formación, una titulación académica o un conocimiento técnico específico. (Lo que en modo alguno significa que puedan descuidarse tranquilamente estos aspectos.) Quien pretenda tener éxito debe saber manejar con destreza las emociones: las propias y las de los demás. Las emociones positivas estimulan el éxito profesional: si nos entusiasma la tarea que debemos realizar, nos resultará fácil esforzarnos en cumplirla. Si nos sentimos a gusto en nuestro puesto de trabajo porque nuestros compañeros son agradables, nuestro rendimiento será mayor. Por el contrario, las emociones negativas nos frenan: cuando nos enfadamos por culpa de nuestro jefe, nos resulta difícil implicarnos en el trabajo. Si tenemos miedo de perder nuestro puesto de trabajo, sin darnos cuenta cometeremos más errores durante la jornada laboral.

El arte de la dirección

Al principio de la década de los años noventa la Universidad Libre de Berlín realizó una investigación empírica sobre la dirección de la empresa alemana. Se realizaron quince estudios casuísticos en empresas y se consultó a sesenta y tres directivos. Los directivos estaban de acuerdo en que la competencia social, en el futuro, acabaría contándose entre las cualidades más importantes entre los ejecutivos: éstos tendrían que tener la capacidad de transmitir a sus colaboradores una sensación de proximidad y de calor humanos. Al mismo tiempo reconocían que, en la actualidad, y en lo que a estas cualidades se refiere, existían todavía grandes carencias en los niveles directivos.

Hire and fire

En Estados Unidos los empleados no tienen ninguna reglamentación legal de protección contra los despidos. *Hire and fire* es, por lo tanto, la divisa de algunas empresas. Cuando la situación económica de la empresa lo requiere, el número de empleados puede reducirse sin problemas. Los trabajadores poco eficaces pueden ser sustituidos con toda rapidez por aspirantes más prometedores. Para algunas empresas alemanas es una idea tentadora: ¡de esta manera se tendría cierta garantía de la buena disposición de los empleados frente al trabajo! Pero cuidado: *Hire and fire* puede convertirse con mucha facilidad para las empresas en un gol en propia meta.

Cuando los trabajadores deben temer de forma constante por su puesto de trabajo, su capacidad de rendimiento se resiente. Cuando una persona tiene miedo, trabaja agarrotada: la cuota de errores aumenta. La inseguridad perjudica el ambiente general en la empresa. Los compañeros pasan a ser, en primer lugar, la principal competencia por un puesto de trabajo. ¿Quién conservará el puesto en la siguiente oleada de despidos? ¿Qué hacer para estar entre los que conservarán el puesto? Y he aquí otra deficiencia: cuando los empleados se hacen a la idea de que, según y cómo, no van a quedarse en ese trabajo durante mucho tiempo, apenas se identificarán con la empresa y con sus objetivos.

Cooperación

La idea de la gestión participativa apunta a la identificación de los empleados con la empresa para la que trabajan: *los empleados participan en las decisiones de empresa*. Cuando, por ejemplo, se trata de reestructurar y hacer una nueva distribución de las oficinas en una gran sala, todas las personas que van a trabajar allí exponen sus ideas y deseos. Al trazar los planos, se tienen en cuenta todas esas sugerencias, en la medida en que son realizables. Todos los empleados son informados con el máximo detalle de los objetivos y problemas de la empresa. Y a la inversa, los trabajadores saben que sus superiores siempre están abiertos y dispuestos a escuchar nuevas ideas y propuestas de mejora. Los empleados que tienen el derecho de dar su opinión adoptan los objetivos de su empresa como propios y ponen todo su empeño en alcanzarlos ya que se sienten bien motivados. En algunas empresas los empleados participan de los beneficios de la empresa, obteniendo primas o acciones.

John Simmons y Wiliam Mares investigaron los efectos de la gestión participativa en empresas que habían introducido esta forma de dirección de empresa. Llegaron a los siguientes resultados:

- La productividad aumentó en un 10 por 100 y más.
- El número de bajas por enfermedad se redujo a la mitad.
- La fluctuación se redujo a la mitad.

- La autoestima de los empleados aumentó.
- Los empleados disfrutaban más con su trabajo.
- La sensación de impotencia entre los empleados se redujo.
- La sensación de poder controlar las cosas aumentó.

La dirección participativa, por lo tanto, sale rentable a los empresarios y a los trabajadores: con el estado anímico de los trabajadores aumenta también la productividad.

Ambiente de éxito

La compañía de seguros estadounidense Metropolitan Life experimentó a lo largo de cinco años un enorme crecimiento: los directivos y los representantes doblaron sus ingresos, la totalidad de ventas de seguros aumentó en un 235 por 100. Steve Bow, el anterior vicepresidente *senior* de la empresa, menciona como factor más importante de este crecimiento la atmósfera del éxito que se creó de forma intencionada y por la que se veló de manera constante: «Hablábamos con tanta frecuencia como nos era posible de nuestros éxitos y tan poco como podíamos de nuestros fracasos. Al hacerlo transmitíamos a los colaboradores la sensación de que las cosas estaban bien encarriladas.»

Una atmósfera de éxito se consigue preocupándose, por ejemplo, de que los colaboradores vean también sobre el papel, las buenas noticias: estadísticas sobre las cifras que reflejan el aumento de las transacciones o artículos de periódicos sobre el desarrollo positivo de la empresa generan un clima de predisposición al esfuerzo.

En las negociaciones, a menudo sólo se discuten los problemas; al fin y al cabo, se trata de buscar soluciones para cuestiones pendientes de resolver. Y, con frecuencia, los progresos alcanzados quedan en un segundo plano. Aunque la noticia de un éxito puede convertirse en el factor desencadenante de nuevos éxitos: el entusiasmo provocado por un problema que se ha solucionado es contagioso, refuerza la confianza en la viabilidad del proyecto y motiva para repetir el éxito.

Crítica constructiva

No nos engañemos: también en una empresa, aunque esté tan bien gestionada como ésta, se producen errores, los trabajadores no siempre se implican tanto como sería deseable, de vez en cuando tienen lugar intervenciones que denotan falta de compañerismo. Los directivos no pueden eludir la crítica.

En las discusiones conflictivas que se producen en el lugar de trabajo se desarrollan procesos emocionales semejantes a los que tienen lugar durante una pelea con la pareja. Al igual que en ese caso, la conversación puede ser constructiva, es decir, puede modificar los problemas de forma positiva. Sin embargo, las discusiones conflictivas entre un superior y un empleado pueden crear nuevos problemas. La crítica constructiva se consigue sólo cuando se respetan una serie de reglas importantes que tienen en cuenta las circunstancias emocionales de ambos interlocutores.

Ante todo, dejar que se enfríen los ánimos.—También es válido para los jefes: reaccionar con indignación no soluciona los problemas, ni mitiga la propia cólera. Lo único que, en todo caso, consiguen los jefes enfurecidos es que se les tenga miedo o que se les considere ridículos. Por lo tanto, es necesario manejar la indignación: sólo cuando la descarga de adrenalina ha disminuido puede hablarse del problema de forma constructiva. Para apaciguar la cólera, se recomiendan los métodos que a estas alturas ya conocemos: distanciamiento transitorio de la persona que ha desencadenado nuestra indignación, interrumpir la cadena de pensamientos que alimentan la cólera, buscar una distracción, realizar alguna actividad deportiva, utilizar técnicas de relajación.

No hacer críticas ante terceros.—La persona que es criticada en presencia de sus compañeros, no sólo debe digerir la crítica como tal; además, debe temer por una pérdida de respeto. Por el contrario, una conversación en privado da al empleado la posibilidad de salvar la cara.

Renunciar a los ataques personales.—Los ataques personales («¡Por lo visto, obtuvo usted el título en un sorteo!») son poco elegantes, hieren la dignidad del otro y provocan la cólera. En este estado emocional, el empleado ya no prestará la menor atención a la crítica objetiva. A más largo plazo, quedan sentimientos de amargura; la predisposición frente al trabajo y la identificación con la empresa disminuirán.

Reforzar la autoestima.—La directora de una consulta médica debe llamar la atención de su auxiliar sobre un grave error en las cuentas trimestrales. Durante la conversación, la doctora también menciona además lo mucho que le gusta el trato tan agradable que la auxiliar dispensa a los pacientes.

A pesar de la crítica, la directora tiene en cuenta la autoestima de su ayudante. Le comunica su propio convencimiento acerca de sus aptitudes para ese empleo y le hace saber que, en general, valora su trabajo. El reconocimiento refuerza el sentimiento de autoestima de la empleada. El hecho de que alguien ponga su confianza en nosotros despierta, en la mayoría de las personas, la predisposición a justificar esa confianza con resultados que nos hagan acreedores de la misma. Las alabanzas estimulan la buena predisposición ante el esfuerzo, mucho más que los reproches. A pesar de que esto se sabe ya desde antiguo, no son pocos los superiores a quienes les resulta difícil ponerlo en práctica.

Hacer sugerencias de mejora.—La crítica constructiva no se limita a poner de manifiesto el problema. Un superior competente desde el punto de vista emocional también sabrá indicar al empleado estrategias para la solución del problema. Sin embargo, estas sugerencias sólo pueden ser eficaces si el empleado tiene una actitud abierta ante ellas y no las rechaza de entrada, mortificado por el tipo de crítica que ha recibido.

Un buen equipo

Si alguien lee con atención las ofertas de trabajo, se da cuenta enseguida de que la capacidad de trabajar en equipo se valora cada vez más. En la actualidad, muchas tareas profesionales se llevan a cabo en grupo. Incluso aquellas personas que no trabajan habitualmente con un equipo fijo —ya sea de forma permanente u ocasional—, por lo menos forman parte, en la mayoría de los puestos de trabajo, de un grupo de colegas. Los trabajos para auténticos luchadores en solitario son más bien escasos. Conclusión: es importante para el éxito de una empresa que los empleados estén dispuestos y sean capaces de integrarse en un grupo y de tirar, junto con sus colegas, de la misma cuerda.

Los psicólogos que han analizado la capacidad de rendimiento de los equipos de trabajo, establecen una estrecha relación entre el rendimiento del grupo y la cohesión del mismo: los grupos bien cohesionados alcanzan mejor sus objetivos que los grupos con un grado de cohesión menor. La competencia profesional, la creatividad, los conocimientos técnicos de cada uno de los componentes del grupo sólo pueden desplegarse por completo cuando el equipo trabaja en un clima de armonía. La aportación de cada miembro del grupo al éxito del equipo depende, por lo tanto, de forma decisiva, de sus cualidades emocionales.

Las estrellas de los grupos

Las estrellas de los grupos son, con frecuencia, los líderes encubiertos del equipo. Poseen el don de la elocuencia y pueden exponer sus propias ideas de forma convincente. Con el resultado de que a menudo marcan la línea a seguir.

En cuanto a su capacidad de rendimiento, la mayoría de las veces se mueven en el tercio superior del grupo, pero pocas veces son los miembros del equipo que producen un mayor rendimiento. Las estrellas de los grupos están en situación de motivarse a sí mismos y cumplen sus tareas con entusiasmo. Sus superiores no tienen necesidad de controlarlos; se examinan a sí mismos de forma crítica y hacen una valoración realista de la calidad de su trabajo.

Las estrellas de los grupos poseen una gran confianza en sí mismos. Su actitud es optimista por principio. En situaciones difíciles no se resignan, sino que se motivan a sí mismos y también a otros miembros del grupo para buscar nuevas vías que lleven a una solución. Creen en la propia capacidad de rendimiento y en el éxito del equipo.

Su particular papel de líderes encubiertos se debe a su buena percepción social: tienen un particular olfato para percibir las necesidades y las emociones de los demás. Incluso en situaciones sociales difíciles —por ejemplo, cuando un colega es trasladado a otro departamento—, son capaces de encontrar el tono adecuado y las palabras adecuadas. Al ser apreciados oyentes, están siempre informados acerca de lo que sucede en el grupo. Si se da el caso de producirse conflictos dentro del grupo, pueden actuar de mediadores.

Cuando otro miembro del grupo necesita apoyo, le ofrecen solícitos su ayuda. Y a la inversa, no es para ellos ningún problema aceptar el apoyo de los demás en un momento dado. La ayuda mutua repercute de forma positiva en el progreso del trabajo del grupo: el objetivo del grupo puede alcanzarse con mayor rapidez cuando todos colaboran.

Además, la ayuda mutua crea una sensación de compenetración y, por lo tanto, consolida la cohesión del grupo.

Las estrellas de los grupos no tienen un exagerado afán de notoriedad, ni están ansiosos de hacer carrera. Ante todo, desean realizar un buen trabajo rodeados de un ambiente humano agradable: el trabajo en y con el grupo debe resultarles gratificante.

Cronometraje correcto

Las personas equilibradas controlan bien sus emociones: incluso cuando sienten indignación, están sometidos a estrés o tienen preocupaciones personales, consiguen recuperar de nuevo el equilibrio con relativa rapidez. Algunas de estas personas deben agradecer su ecuanimidad a una excitabilidad emocional baja. Pero, sobre todo, disponen de estrategias bien desarrolladas para tranquilizarse a sí mismas y no dejarse avasallar por sus emociones.

Su serenidad beneficia a su propio trabajo y al del equipo, en particular cuando se producen situaciones agobiantes. Cuando se amontona el trabajo ante ellos, no se dejan llevar por el pánico. No pierden la visión de conjunto, se dedican primero a las tareas más importantes y resuelven más tarde las cosas menos urgentes. Cuando el equipo trabaja bajo la presión de una fecha límite, se ocupan de que tampoco los demás pierdan los nervios y vayan realizando de forma sistemática las tareas que todavía queden pendientes.

Las personas equilibradas a menudo son buenos oyentes. Se interesan de verdad por los asuntos de su interlocutor y lo animan a expresar sus pensamientos y a hablar sin tapujos. De esta manera consiguen que también los miembros del grupo más tímidos, o que se han incorporado recientemente, salgan de su reserva y se impliquen en el proyecto aportando sus propias ideas.

Es lógico, por tanto, que las personas equilibradas jueguen un importante papel en la cohesión del grupo. Gracias a su actitud considerada hacia los demás, por lo general mantienen una buena relación con todos los miembros del grupo. Cuando se producen conflictos suelen mostrarse conciliadores: saben apaciguar los ánimos exaltados. Puesto que en el grupo son apreciados como oyentes objetivos, los miembros del grupo que por algún motivo estén enojados, acostumbran a acudir a esa persona y descargar sus iras. Una conversación de este tipo tiene, en sí misma, un efecto descongestionador. Además, ofrecen la posibilidad al que conserva la calma de llamar la atención del colega irritado sobre otros aspectos que mitiguen su indignación: quizás el supuesto antagonista está pasando en esos momentos por un problema en su vida privada y por eso ha reaccionado de forma desproporcionada.

«Artistas del suministro»

Cuando los «artistas del suministro» dejan un mensaje en los contestadores automáticos, se les devuelve la llamada con prontitud. La secretaria les quita de encima un trabajo de escritura que no corresponde sus obligaciones. El conserje soluciona en primer lugar las cosas que ellos le hayan pedido. Cuando tienen un problema con el ordenador, no necesitan pelearse con el manual; al otro extremo de cualquier línea telefónica hay alguien que puede darles con rapidez el consejo adecuado. Gracias a los buenos contactos que tienen con un gran número de personas con muy diferentes capacidades y posibilidades, consiguen en cualquier momento obtener la información que necesitan, recibir consejos muy útiles, disponer a corto plazo de cosas difíciles de conseguir.

Los «artistas del suministro» son genios sociales. Su amplia red de buenas relaciones se debe a su enorme capacidad de granjearse las simpatías de otras personas. Salen al paso de sus congéneres con una amabilidad sincera e irradian alegría y optimismo. En su presencia, los demás también se ponen de inmediato de mejor humor. Su absoluta carencia de arrogancia, rivalidad y prejuicios les proporciona mucha simpatía; tanto en los puestos elevados como en la cocina de un bar o en la oficina de correos.

Para un grupo de trabajo, los «artistas del suministro» son una doble ganancia. Sus cualidades sociales fomentan el buen ambiente dentro del equipo: su actitud básica positiva tiene un efecto contagioso. Por otro lado, todo el grupo se beneficia de la amplia red de información y de asistencia que posee el «artista del suministro»: el objetivo del grupo puede realizarse mejor y con mayor rapidez.

Las personas alegres por naturaleza

Los miembros del grupo que son de natural alegres confían del todo en sus propias capacidades y en el éxito de su trabajo. Asumen sus tareas dentro del equipo con entusiasmo y energía. Tampoco permiten que las situaciones difíciles les estropeen el buen humor. Su humor inquebrantable en medio de las pequeñas y grandes catástrofes tiene un efecto contagioso y quita crispación a las situaciones críticas. Las personas alegres por naturaleza disfrutan con los contactos: por iniciativa suya se producen encuentros de los miembros del equipo, también fuera del tiempo de trabajo. Estas iniciativas privadas pueden hacer más profunda la cohesión del grupo, pero no siempre entusiasman a los miembros del grupo menos comunicativos. En esos casos, existe el peligro de que la viveza de la naturaleza alegre polarice al grupo.

Arribistas

De hecho, los arribistas deberían ser valiosos miembros del grupo: al fin y al cabo, son personas ambiciosas, muy motivadas, que ponen todo su empeño en realizar de forma brillante las tareas que se les han encomendado. Sin embargo, cuando la ambición va encaminada tan sólo al propio éxito y a la propia carrera, el equipo tiene más que perder con esas personas que ganar.

En su afán por alcanzar elevados rendimientos, los ambiciosos activistas pierden a menudo la sensibilidad para percibir las situaciones sociales. Se imponen en las conversaciones y acorralan a los otros contra las cuerdas. Es fácil que cuando esto sucede se pierdan valiosas aportaciones de otros miembros del grupo. La moral de aquellos que no han podido hacerse oír disminuye. En su ciega búsqueda del éxito, los arribistas consiguen impresionar a sus superiores con un aparente espíritu de equipo («Nuestra apreciada señora Schubart ha reunido de nuevo de forma excelente los datos estadísticos»), ya que, por supuesto, saben muy bien qué cualidades se tienen en cuenta en el camino hacia la cúspide. Y, al hacerlo, no se dan cuenta de lo mucho que su comportamiento repele al grupo. Su percepción social, en comparación con sus objetivos ambiciosos y exclusivamente egocéntricos, está muy poco desarrollada.

Cuando se trata de mejorar la propia posición, los arribistas se abren paso a codazos, sin el menor escrúpulo. Rechazan sin piedad a los miembros del grupo con una capacidad de rendimiento menor, incluso cuando existen motivos comprensibles y eximentes para su pérdida de rendimiento, como la enfermedad o la falta de experiencia. Tampoco están dispuestos a ayudar a esos miembros del grupo. Invierten su tiempo y sus conocimientos tan sólo en aquello que pueda ser provechoso para su carrera.

El equipo no puede utilizar del todo la capacidad de rendimiento de un arribista: como los otros miembros del grupo lo rechazan a causa de su comportamiento social inaceptable, tienden a cerrarse ante sus ideas y propuestas. Puede suceder entonces que el grupo pase por alto posibles soluciones que tendrían una gran probabilidad de éxito y haga un despilfarro innecesario de tiempo y energía, realizando otros intentos menos efectivos para la solución del problema.

Holgazanes

En un punto los holgazanes y los ambiciosos se parecen mucho: piensan primero en sí mismos y en su propio beneficio. No se identifican con el grupo, ni con sus objetivos. Para ellos, el equipo es tan sólo un medio para alcanzar un objetivo: se ocultan tras el rendimiento del grupo, al que ellos apenas aportan nada. Con éxito: sus superiores ven los resultados del grupo, el bajo rendimiento —en comparación— del holgazán no suele llamarles la atención.

La comodidad es para los holgazanes más importante que el éxito y el reconocimiento. Les resulta desconocida la emoción del *flow* que puede generar el trabajo bien realizado. De ahí que no estén dispuestos a motivarse a sí mismos, ni a utilizar al máximo sus reservas de energía.

Por lo general, los otros miembros del grupo observan y registran con rapidez la poca implicación del holgazán. A ellos —al contrario que a sus superiores— apenas se los puede engañar. Con frecuencia, los grupos no desean «delatar» a sus compañeros de equipo ante el jefe. Y los holgazanes se aprovechan de esta situación de forma desvergonzada. Por supuesto, de esta manera no se ganan simpatías dentro del grupo.

A esto hay que añadir que el holgazán hace perder al equipo el tiempo y la intensa dedicación al trabajo. Con su actitud indiferente y su postura tendenciosa y negativa, paraliza el empuje del grupo: también las actitudes comodonas pueden contagiarse.

El optimismo como argumento de venta

Volvamos de nuevo a la compañía de seguros estadounidense, Metropolitan Life. A mediados de la década de los ochenta, la Met Life contrató cada año a cinco mil vendedores. Los gastos de formación por persona ascendían a más de 30.000 dólares. La mitad de los nuevos empleados contratados se despedía ya en el transcurso del primer año. Sólo una quinta parte se quedó más de cuatro años. La gran fluctuación del personal y, en consecuencia, los elevados costes que iban ligados a ella, decidieron a la empresa a encargar un estudio al psicólogo estadounidense Martin Seligman. A lo largo de este estudio, Seligman sometió a 15.000 nuevos colaboradores de la empresa a dos tests: el test de contratación utilizado hasta entonces y el test del optimismo, inventado por el propio Seligman.

El seguimiento prolongado proporcionó los siguientes resultados: dos tercios de los empleados que renunciaron durante el primer año procedían de las filas de los pesimistas. Las ventas de los optimistas en los dos primeros años superaron en un 37 por 100 (aprox.) las ventas de los pesimistas. Incluso los optimistas que no habrían superado el test de contratación habitual obtuvieron durante el primer año un porcentaje de ventas superior —en un 21 por 100, que aumentó a un 57 por 100 durante el segundo año— al de los pesimistas que sí habían superado el test de contratación habitual.

Saber arreglárselas con los fracasos

La diferencia principal entre los pesimistas y los optimistas está en su modo de explicar y asimilar las derrotas.

Desde hace tres meses, Julius trabaja como asesor de inversiones. Acaba de recibir una frustrante llamada telefónica de un cliente al que había asesorado sobre una inversión de patrimonio a largo plazo. En contra de lo esperado, el cliente se había decidido por el fondo de acciones de un gran banco. Julius está deprimido: «¡Ha vuelto a salir mal! Lo que pasa es que no sirve para este trabajo. De hecho, debería haberlo sabido de antemano; al fin y al cabo, nunca ha sido capaz de impresionar a nadie.» Lleno de dudas sobre sí mismo, Julius vuelve a tomar el auricular y, con voz apagada y monótona, habla con el siguiente cliente. En su interior está del todo convencido de volver a fracasar.

Los pesimistas, por principio, atribuyen sus fracasos a sus propias deficiencias, que consideran componentes irremediables de su personalidad. Cada fracaso confirma y reafirma la imagen negativa que tienen de sí mismos: puesto que son tan incapaces de imponerse, tan ineptos, tan poco atractivos, han fracasado (de nuevo). Como, según su punto de vista, no pueden eliminar las causas del fracaso, a los pesimistas les parece inevitable la siguiente derrota. Tienden a generalizar la situación actual («¡Haga lo que haga, a mí siempre me sale todo mal!»). Sin buscar nuevas estrategias, pero en cambio llenos de sentimientos de frustración, dudando de sí mismos y con miedo al futuro, se encuentran de inmediato con la esperada derrota. Sin esperanza alguna y de brazos cruzados, el manifiesto pesimista se enfrenta a un negro futuro.

Es muy diferente lo que sucede con los optimistas: Peter trabaja también desde hace algunos meses en una empresa de servicios financieros. En su última visita a un cliente no ha tenido éxito: no ha podido convencerlo para que se haga un seguro de vida con la compañía para la que Peter trabaja. El cliente va a aceptar la oferta de una compañía de la competencia con la que hasta ahora ha hecho siempre sus seguros. Peter se siente frustrado. Con este estado de ánimo es mejor que no visite en seguida al siguiente cliente. Decide dar un paseo. ¿Qué es lo que ha ido mal? ¿Ha presentado sus argumentos de forma poco comprensible? En definitiva, su oferta era mejor que la de la competencia. Le había dado la impresión de que el cliente se había dado perfecta cuenta de las ventajas de su oferta. ¿Debería haberse mostrado más tenaz?

Peter hace un nuevo repaso mental de toda la conversación. Al hacerlo, le llama la atención que el cliente ha mencionado en varias ocasiones la buena relación que existe desde hace años con su colega de la competencia. Peter decide prestar mayor atención en el futuro a establecer lazos personales con sus clientes. Por ejemplo, llevando también la conversación, de vez en cuando, a temas como el trabajo, la familia y los intereses personales. Se propone, a partir de ese momento, anotar este tipo de información para poder echar mano de ella en sucesivas conversaciones.

Cuando los optimistas sufren un fracaso, lo explican buscando las causas a las que se puede poner remedio. Allí donde los pesimistas se resignan, los optimistas intentan aprender de sus errores y evitarlos en el futuro. No se cuestionan enseguida a sí mismos, ni a su vida, por haber cometido un error. Siguen convencidos de sus cualidades básicas. Analizan como posibles causas de su fracaso también los factores externos y no su propia personalidad. («Quizá el cliente tenía problemas de carácter privado y por eso no mostraba una actitud abierta».) Sin embargo, sería un optimismo malentendido atribuir por principio la causa de los fracasos a los factores externos. Sólo la persona que es capaz de analizar todas las posibles causas —sin excluir al hacerlo su propia persona— puede desarrollar nuevas ideas para poder controlar mejor la situación en otra ocasión.

Los optimistas miran con confianza hacia el futuro. Y tienen buenos motivos para hacerlo: con su actitud positiva y emprendedora establecen las condiciones esenciales para sus éxitos futuros. En cada derrota se esconde para ellos la semilla del próximo éxito.

Los profesionales de las ventas tienen a menudo la experiencia de ver cómo sus esfuerzos chocan con el rechazo. Muchos clientes reaccionan de entrada con desconfianza y reservas cuando alguien quiere convencerlos de las excelencias de un determinado producto. No pocos han tenido ya alguna mala experiencia con otros vendedores, de ahí que se comporten de entrada con escepticismo. Al fin y al cabo, ¡a nadie le gusta dejarse manipular! Los vendedores que atribuyen todas las señales de rechazo a su propia persona no podrán ejercer durante mucho tiempo esta profesión.

La efusión optimista

Alan Loy McGinnis habla en su libro *El optimismo es mejor* de sus experiencias con vendedores de poco éxito. Le llamó la atención que éstos utilizan a menudo una forma de hablar particularmente pesimista y cínica. Tienen la mala costumbre de quejarse: de su trabajo, de su empresa, de sus productos, de sus condiciones de trabajo, de sus clientes. Estas personas transmiten su frustración a sus interlocutores: son los perfectos «asesinos del buen humor».

Y al hacerlo, se crean a sí mismos un nuevo problema: es mucho más difícil convencer de un producto a un cliente malhumorado que a otro que está de buen humor. Por lo tanto, no es sorprendente que los «asesinos del buen humor» tengan menos éxito de ventas. Un nuevo motivo de queja para ellos.

Emociones contagiosas.—Uno de los agentes de seguros estadounidense de más éxito, a quien McGinnis conoció durante uno de sus seminarios, veía en la fuerza de la sonrisa una de las principales causas de su enorme éxito de ventas. Una sincera sonrisa es señal de franqueza, calidez y buen humor. Despierta simpatía y confianza. Y se contagia: el cliente se siente en buenas manos. Su predisposición a la compra aumenta.

Los vendedores de éxito no se dejan abatir por la falta de movimiento en los negocios. Consideran las temporadas de «vacas flacas» fases pasajeras que pueden llegar a superar con su propio esfuerzo. También en situaciones de crisis consiguen irradiar confianza. Por el contrario, los vendedores pesimistas se dejan llevar por el pánico cuando sus volúmenes de ventas se reducen. Temen no volver a remontarse jamás. Su preocupación por la existencia ensombrece toda conversación con el cliente. Incapaces de captar las señales de su interlocutor, siguen argumentando sin tenerlo en cuenta. El cliente percibe la inseguridad del vendedor y la transfiere al producto que éste le está ofreciendo: tiene la impresión de que el propio vendedor no cree del todo en sus supuestas ventajas.

Identificación con el producto.—Los vendedores de éxito están convencidos de su producto. Creen firmemente que la adquisición del producto es para el cliente una ganancia. Su propio entusiasmo, cuando es sincero, se transmite al cliente: éste llega a tener la sensación de que la compra del producto lo llenará de satisfacción. Al comprar ropa, es bastante habitual encontrar vendedores que cada vez que el cliente sale del probador se muestran entusiasmados, independientemente de si el modelo o el color le sienta bien o no. Este tipo de vendedores resultan poco fiables, despiertan la desconfianza y además atacan los nervios. En cambio, una vendedora que en alguna ocasión también desaconseja la compra de una pieza de ropa, cuando cree que no es adecuada para su cliente, se gana su confianza. Se limita a manifestar entusiasmo cuando de verdad lo siente. De esta manera puede convencer al cliente.

Caricias para el alma.—Los vendedores que tienen éxito estimulan la autoestima del cliente. Poseen el don de descubrir y resaltar sus mejores aspectos: una esteticista que comenta a su clienta lo limpio y bien cuidado que tiene el cutis, le venderá con mayor facilidad un tratamiento, rico en colágeno, para el cuidado de la piel, que otra esteticista que lo primero que haga sea hablarle a su clienta de las arrugas que tiene alrededor de la boca.

Un sencillo experimento del psicólogo Gordon Bower, de la Universidad de Stanford, pone de manifiesto lo influenciable que es el estado de ánimo: a dos grupos de personas que participaron en el experimento se les preguntó hasta qué punto estaban contentos de las prestaciones de un electrodoméstico. Los miembros de uno de los grupos recibieron antes de la encuesta un pequeño regalo, el otro grupo no. El resultado: los que habían recibido el regalo se mostraron bastante más satisfechos de las prestaciones del aparato que los que no habían recibido ningún regalo. Pero no es necesario que se trate siempre de regalos. Un cumplido dicho con sinceridad levanta el ánimo por lo menos en el mismo grado.

A los vendedores con una sana autoestima y una actitud básica optimista no les resulta difícil reconocer gustosos los aspectos positivos de sus clientes. Además, saben que un cumplido sincero pone de buen humor al interlocutor y lo predispone a la compra.

El cliente-rey

En el siguiente artículo, procedente de la edición del *Süddeutschen Zeitung* del 28 de mayo de 1996, se describe la experiencia de un cliente de Telekom. Es sintomático del nivel de servicio en Alemania:

> Cuando K., como sucedió a principios de mayo, quiere llamar por teléfono, espera, con todo el derecho, tener línea. Pero se equivoca, porque al cabo de cuatro segundos se produce con regularidad el caso que es objeto de reclamación: interrupción de la comunicación y luego silencio. La central de averías le comunica que esto se debe a un error del *software* ocasionado por una empresa externa y que sólo podrá subsanarse, como muy pronto, al cabo de diez días. Una posible indemnización quedaba del todo descartada: al fin y al cabo, K. puede recibir llamadas y lo único que no puede hacer es llamar por teléfono, lo que no le supondrá tampoco otros gastos.

En la central del consumidor alemana se amontonan las quejas. Los tiempos de espera demasiado largos, la falta de asesoramiento y, sobre todo, un servicio poco atento, son los principales motivos de queja. En comparación con el extranjero, Alemania —en lo que se refiere al servicio de atención al cliente— queda bastante mal parada, lo que ya resulta preocupante: algunos turistas estadounidenses están más impresionados por el mal servicio, habitual en este país, que por Disneylandia.

La culpa de esta miseria puede atribuirse, en parte, a las disposiciones legales. La ley de horarios de apertura al público, válida todavía en 1996, y el derecho a la competencia impiden que los ofertantes puedan responder de forma efectiva a los deseos y necesidades de los clientes. Los elevados costes salariales llevaron a una reducción de personal. Donde hay poca gente disponible para la atención al público, es inevitable que el cliente se vea perjudicado: las colas en el supermercado, en las ventanillas de despacho de billetes, en los restaurantes de autoservicio, se hacen cada vez más largas. Los empleados sobrecargados irradian mal humor a su alrededor. En grandes superficies baratas —por ejemplo, tiendas de material de construcción o de electrodomésticos—, los clientes apenas encuentran ya asesoramiento.

A pesar de todo, también en medio de estas condiciones, a veces el cliente encuentra puntos de luz en nuestro panorama de servicios, la mayoría de las veces sombrío: vendedores que se toman tiempo para nosotros, aunque no cierren la venta de inmediato. Dueños de tiendas que se despiden con amabilidad aunque los clientes abandonen su establecimiento sin llevar en la mano una bolsa con sus compras; camareros que anotan con amabilidad y rapidez nuestro pedido; empleados de ventanilla que nos preguntan qué deseamos con una sonrisa; cajeras que nos desean las buenas tardes.

Muchas empresas de servicios se han dado cuenta por fin de que viven de la satisfacción de sus clientes: al contratar personal, prestan mucha más atención a la competencia social de los aspirantes al puesto de trabajo y mandan a sus empleados a *workshops* para habituarlos a un comportamiento amable con el cliente.

En el caso de algunos clientes, un comportamiento amable requiere un enorme autodominio. Hay personas que creen que no tiene por qué dar a la persona que las está atendiendo un trato respetuoso y amable. De forma sistemática, desahogan su mal humor en la vendedora del supermercado: al fin y al cabo, son ellas quienes pagan. Los clientes tiranos no deben sorprenderse cuando son derrocados de su trono.

La emotividad de las personas que atienden al público y la del cliente se condicionan mutuamente: los dependientes amables tienen una mayor probabilidad de tener clientes amables, los clientes amables es más probable que encuentren dependientes dispuestos a ayudarlos.

La sonrisa que tú mandas, te es devuelta

Daniel va del trabajo a casa. Ha tenido un día duro y poco satisfactorio, está cansado y de mal humor. Y ahora, además, se acuerda de que ha olvidado llevar sus zapatos a que les cambien las suelas mientras estaba en la ciudad. Irritado, decide dar un rodeo; sabe que una calle más allá hay una pequeña zapatería. Una vez en la tienda, un hombre mayor, desde detrás del mostrador, lo saluda con una agradable sonrisa. Daniel le da sus zapatos. Cuando sale de la tienda, el zapatero le desea con amabilidad que pase una buena velada. De forma involuntaria, Daniel le sonríe. El breve encuentro lo ha relajado. A partir de ese día, Daniel lleva siempre sus zapatos a esa tienda: el zapatero ha ganado un nuevo cliente.

Hay que tener siempre presente que las personas se transmiten unas a otras su estado de ánimo, bueno o malo. Los cenizos notorios a menudo estropean el buen ambiente de su entorno. Por otro lado, a veces basta una cálida sonrisa de personas que nos son del todo desconocidas para suavizar nuestra irritabilidad y levantar nuestro estado de ánimo. Las personas que irradian buen humor, cuando trabajan en profesiones de servicio, por lo general, lo hacen con gran éxito: consiguen que sus clientes se sientan a gusto y vuelvan gustosos.

Pero hay que tener algo presente: sólo una auténtica sonrisa se contagia. Podemos esforzarnos tanto como queramos; si no la sentimos, nuestra sonrisa se verá falsa. Ya en el siglo XIX, el médico francés Guillaume Benjamin Duchenne descubrió que para la sonrisa natural se mueven dos músculos: el músculo cigomático mayor y el músculo orbicular del ojo. Al contrario de lo que sucede con el músculo cigomático, el músculo orbicular del ojo no puede activarse de forma consciente: cuando en realidad no estamos para sonrisas, sonreímos tan sólo con la boca. En la actualidad, gracias a la moderna investigación del cerebro, se sabe ya que los movimientos musculares necesarios para la sonrisa son desencadenados por uno u otro hemisferio del cerebro, dependiendo de si la sonrisa obedece a una emoción o a un acto consciente de voluntad. De ahí que determinados pacientes que han sufrido una apoplejía puedan sonreír con toda normalidad cuando alguien hace una observación graciosa. En cambio, cuando tienen que sonreír para la cámara, su rostro se contrae de forma asimétrica: la zona del cerebro que controla la sonrisa consciente ha sido dañada por la apoplejía. La zona que controla la sonrisa involuntaria, por el contrario, ha quedado intacta.

Son muy pocas las personas alegres por naturaleza. Al resto les queda sólo como recurso la sonrisa forzada que se desenmascara enseguida (incluso a los actores les resulta a menudo difícil fingir de forma convincente una auténtica sonrisa). ¿O quizá podemos ponernos a nosotros mismos en un estado de ánimo positivo y transmitirlo también a los demás? Un método que resulta de gran ayuda consiste en recordar de forma consciente un acontecimiento que nos hizo sentir satisfechos, felices y orgullosos: por ejemplo, un éxito profesional, o el idilio que vivimos durante las últimas vacaciones. Con el recuerdo vuelven también las emociones agradables de entonces: de forma involuntaria sonreímos.

Saber manejar los contratiempos

En la cafetería reina una gran actividad. Ana y Fabián esperan desde hace rato poder pedir algo. Es evidente que la joven encargada de su mesa todavía no tiene mucha experiencia en este trabajo. Cuando pasa al lado de la mesa de Ana y Fabián con la bandeja llena les sonríe disculpándose y les promete atenderlos enseguida. Ana pide una infusión. Cuando le sirven la infusión, el líquido se derrama por el borde de la taza. En el platillo se forma un charco. La joven mira con aspecto culpable lo que ha pasado y con una sonrisa irresistible se disculpa. Por lo general, Ana y Fabián son bastante exigentes en lo tocante a la idea que ellos tienen de lo que es un buen servicio. Sin embargo, el pequeño episodio no les deja una impresión desagradable. Al contrario: más tarde, salen de la cafetería de muy buen humor, después de haber añadido a la cuenta una generosa propina.

A causa de la falta de experiencia, los malentendidos o las dificultades en el suministro, a menudo se producen contratiempos en el ámbito de los servicios. Ni siquiera con el mayor de los esmeros pueden evitarse del todo. Los contratiempos son siempre molestos para los clientes. La forma de solucionar esos fallos por parte del empleado decidirá si va a conservar el cliente o va a perderlo. La rápida gestión de las reclamaciones, una actitud amable, un cambio de la mercancía realizado con naturalidad y sin burocracia, valen la pena: a menudo, un contratiempo que ha sido subsanado con inusual amabilidad se recuerda mejor y de forma más positiva que una compra que se ha realizado sin problemas y que, por lo tanto, no se ha grabado de forma particular en la memoria.

Algunas personas tienen grandes dificultades en reconocer un fallo y asumir la correspondiente responsabilidad. No consiguen disculparse de forma convincente. En todo caso, murmuran una vacía fórmula. El cliente nota a la perfección cuándo las disculpas del interlocutor no son sinceras. Al enojo original se suma ahora también la indignación producida por el desinterés con que es tratado. Unas disculpas sinceras, por el contrario, apaciguan la indignación: resulta difícil estar furioso con alguien cuando es evidente que lamenta lo sucedido.

También pude ser útil explicar al cliente las circunstancias que han conducido a ese percance. (La secretaria se ha puesto enferma y la persona que la sustituye no ha mandado el pedido del cliente al lugar correcto.) Cuando se consigue conquistar la comprensión del cliente, su indignación se enfría con mayor facilidad.

Reconocimiento

¿Se cuenta usted entre las personas que ve en los demás sobre todo su parte buena? ¿Lo expresa de alguna manera cuando descubre en sus congéneres cualidades positivas? Si es así, como cliente será siempre un poco mejor tratado que los demás.

Katharina y Maximilian han ido a pasar unos días a la montaña. Ahora, en la temporada baja, sólo hay unas pocas opciones para pasar la noche en aquel pequeño lugar. Van a parar a una pensión que no responde a sus espectativas. La habitación es pequeña y ruidosa, el desayuno es, a su modo de ver, una tomadura de pelo. Debido a que —sobre todo a Katharina— le resulta muy difícil disimular su insatisfacción, la relación con los posaderos es pronto muy tensa. El penúltimo día de su estancia han quedado con unos amigos para ir juntos de excursión. Sus amigos se presentan a la hora del desayuno, se sientan con ellos a la mesa, saludan con amabilidad a la posadera y se deshacen en alabanzas sobre el desayuno. La posadera, al escuchar todos aquellos cumplidos, está radiante. Para sorpresa de Katharina y Maximilian, pregunta a sus huéspedes si desean algo más y les deja sobre la mesa un cuenco lleno de peras recién cogidas del árbol.

Todo el mundo se alegra cuando su trabajo es reconocido. Y la mayoría de las personas se esfuerzan en merecer las alabanzas recibidas.

Confianza

La empresa estadounidense de venta por correspondencia Lands'End se ha autoimpuesto —con poco perjuicio y con gran éxito— el principio de estar muy próxima al cliente. Entre otras cosas, ofrece un servicio que para los clientes alemanes apenas es imaginable: el derecho a cambiar la mercancía sin límite de tiempo. Si lo desean, a los clientes se les devuelve su dinero aunque hayan transcurrido años desde que realizaron su compra. Lands'End acepta la devolución de prendas de ropa, incluso cuando es evidente que se han usado a menudo. Podría suponerse que los clientes abusan de un derecho a devolución tan generoso. Sin embargo, la experiencia de Lands'End demuestra que sólo dos mil de sus veintidós millones de clientes anuales —esto supone menos del 0,01 por 100— abusan de este servicio de garantía.

¿Por qué funciona el sistema de Lands'End? Muy sencillo: la confianza genera confianza. Cuando a alguien se le da a entender con toda claridad que se la considera honrada, la mayoría de las personas se sienten obligadas a comportarse efectivamente de esa manera.

¡Bienvenidos, clientes!

¿Ha cometido alguna vez el error de entrar en un supermercado en la última media hora antes del cierre del establecimiento? Seguro que lo habrá lamentado (y —quizás eso es lo que espera el personal— no volverá a cometer este error).

Sus posibilidades de obtener todavía embutidos o queso cortado son pocas; además, alrededor de sus pies se realizan un montón de actividades de limpieza.

Es comprensible que también los empleados de un supermercado quieran salir puntuales de su trabajo. Pero hay algo que no funciona en la organización de los horarios laborales cuando los trabajos de limpieza tienen que realizarse todavía durante el horario de atención al público. El cliente debería poder contar con que es bien recibido. Entre los aparatos de limpieza y las cajeras que están contando el dinero en la caja, se siente más bien un molesto intruso. En ese estado de ánimo apenas comprará más de lo que necesite con urgencia. ¿Compensan, en ese caso, los gastos de personal que el supermercado se ha ahorrado? Comparémoslo de nuevo con la situación en Estados Unidos. Allí los supermercados disponen de personal que incluso ayuda a los compradores a empaquetar sus compras. Pensionistas, estudiantes y amas de casa se llevan con ese tipo de trabajos un dinero al bolsillo.

Pero también en Alemania algunas empresas de servicios se han dado cuenta ya de que la amabilidad con el cliente ofrece una ventaja con respecto a la competencia. Un hotel de Nuremberg trabaja —con gran éxito— de acuerdo con un nuevo concepto, que pone en primer lugar la satisfacción del cliente. Ya a su llegada, el huésped es saludado en recepción con una copa de champán para darle la bienvenida. Tratar con amabilidad a los huéspedes es para el personal el primer mandamiento. Al contratar nuevos empleados, las cualidades sociales del aspirante juegan un papel decisivo. Se llevan a cabo con regularidad cambios de impresiones con todos los empleados. Durante esas reuniones, cada uno aporta sus observaciones y propuestas sobre cómo estar mejor preparados para atender a los huéspedes y a sus necesidades. Los esfuerzos encaminados al bienestar emocional de los huéspedes valen la pena: el hotel tiene un volumen de movimiento dos veces superior al de hoteles comparables, menos orientados al cliente.

Sin riesgos ni efectos secundarios: la inteligencia emocional y la salud

L A MEDICINA CHINA lo sabe desde hace tiempo: la salud y las emociones están estrechamente ligadas. Así pues, establece una relación entre los trastornos orgánicos y determinadas emociones y estados de ánimo: las enfermedades del bazo y del estómago, por ejemplo, con la timidez, las cavilaciones y las aprensiones; las enfermedades de los pulmones y del intestino grueso con la tristeza y la resignación.

En la actualidad, la estrecha relación entre el alma y el cuerpo también se tiene en cuenta en la medicina occidental. Cada vez hay más pacientes y médicos que reclaman una medicina global que no considere al organismo un simple aparato que funciona de forma mecánica. En consecuencia, los factores psicológicos del paciente deben incluirse en los diagnósticos, los tratamientos y la prevención de enfermedades. En este sentido, los terapeutas satisfacen una necesidad que es descuidada por muchos profesionales de la medicina académica y más bien técnica.

Cuando el miedo se mete en el estómago

Lo que la sabiduría popular sabe desde hace tiempo lo demuestran los resultados de muchos estudios científicos:

las personas que padecen un miedo crónico corren un mayor riesgo de tener una úlcera de estómago. La relación entre los miedos y las enfermedades de estómago es sólo un ejemplo de que nuestro cuerpo reacciona de forma sensible a la sobrecarga emocional. Las emociones negativas suponen el mismo riesgo para la salud que un elevado nivel de colesterol, el consumo de alcohol, el tabaco o una alimentación poco sana.

Enfermedades cardiacas

La tendencia a enfadarse con rapidez multiplica por siete las probabilidades de morir de un infarto. Ésta es la conclusión a que se llegó gracias a un estudio a largo plazo, realizado por médicos estadounidenses, durante un espacio de tiempo de veinticinco años. Por consiguiente, los enfados frecuentes son más perjudiciales para la salud que otros factores de riesgo, conocidos desde hace tiempo, como el tabaco o la hipertensión. Los psicólogos estadounidenses Alan Christensen y Timothy Smith comprobaron que las personas coléricas tienden a contemplar su entorno con desconfianza y con una actitud en extremo crítica. Se enfurecen por el más mínimo motivo. Su permanente estado de alerta exagerada va ligada a una incrementada secreción de la hormona del estrés y de la hormona sexual, la testosterona. Además, la cólera refuerza casi todos los otros factores de riesgo conocidos de las enfermedades cardíaco-circulatorias: la cólera provoca reacciones fisiológicas como la aceleración del pulso, el aumento de la presión sanguínea, así como el aumento del nivel de colesterol.

Ahora ya sabemos que dar rienda suelta a las emociones ligadas a la ira no la mitiga, sino que la incrementa. La psicóloga Hannelore Weber preguntó a doscientas personas, durante un trabajo de investigación, cómo manejaban su ira. Quienes solían dar rienda suelta a su indignación, informaban que después se sentían todavía peor. De forma parecida se expresaron también los participantes en el experimento que tendían a reprimir sus emociones de ira. Quienes mejor se sentían eran las personas que sabían conservar un cierto distanciamiento frente a su propia cólera y que de esta manera podían salir al paso de su propia indignación con seriedad y una actitud abierta, y hacer el esfuerzo de buscar una explicación. El psiquiatra estadounidense Redford Williams aconseja a las personas que tienden a las explosiones súbitas de ira el siguiente método: debían anotar sus procesos mentales para fomentar así una atenta observación de sí mismos. De esta manera, les resultaba más fácil averiguar el motivo de su ira y calmarse de nuevo.

Enfermedades de la columna vertebral

Algunas personas a quienes la vida les ha dado un duro golpe «agachan la cabeza», se sienten «doblegadas». Otras «aguantan el tipo». Los científicos cada vez encuentran más justificación a la influencia recíproca existente entre la psique y la columna vertebral que recogen los refranes y frases hechas. Es muy necesario que se investiguen a fondo las posibles causas de las enfermedades de espalda: los dolores de espalda ocupan el primer lugar entre las dolencias de la población. En la actualidad, en Alemania, los dolores de espalda crónicos son el motivo más frecuente de jubilaciones anticipadas.

Las personas depresivas tienen una mayor probabilidad de sufrir dolores de espalda crónicos. También son las que sufren recaídas con mayor frecuencia después de haberse sometido a tratamientos ortopédicos y a intervenciones quirúrgicas. La psicóloga médica y terapeuta del comportamiento, Monika Hasenbring, de Kiel, lo explica de la siguiente manera: es probable que cuando estamos abatidos segreguemos menos endorfinas. Las endorfinas son opiáceos propios del organismo: actúan levantando nuestro estado de ánimo, pero también paliando el dolor.

A la inversa, los dolores de espalda pueden llevarnos a sufrir depresiones. Los dolores de espalda constantes actúan también sobre la psique de un paciente que antes de su enfermedad no era una persona triste, agotándola. Depende mucho del entorno familiar y social el que pacientes con dolencias de espalda reaccionen de forma más o menos depresiva ante su situación. Pero para las personas de su entorno no resulta sencillo comportarse de manera correcta.

- Una dedicación excesiva puede reafirmar a algunos pacientes en su papel de enfermo: adoptan un comportamiento precavido, reducen sus actividades físicas y limitan sus contactos sociales. Como les faltan distracciones, perciben de forma más consciente sus dolores y, por lo tanto, caen con mayor facilidad en un estado de ánimo depresivo. Además, la falta de movimiento hace que los músculos de la espalda se anquilosen.
- Por otro lado, un apoyo familiar demasiado reducido también puede favorecer reacciones depresivas: cuando el·entorno social del paciente ignora su particular situación, éste se siente abandonado y se retrae.

Lo mejor es encontrar un equilibrio entre dar apoyo emocional al paciente y animarlo a realizar algunas actividades.

El terapeuta estadounidense Dennis C. Turk descubrió que los pacientes que creen tener sus dolores bajo control y no les dan demasiada importancia necesitan un tratamiento medicamentoso menor. Son más activos y, por lo tanto, menos vulnerables a la depresión. Las personas afectadas que se sienten impotentes ante sus dolores tienden a tener una visión «catastrofista»: con pensamientos como «¡Esto no es vida!» se hunden cada vez más en la melancolía.

Enfermedades dentales

Citemos de nuevo la sabiduría popular: las personas que están dispuestas a llegar hasta los límites de su capacidad de rendimiento «luchan con uñas y dientes». Cuando tenemos que enfrentarnos a una situación difícil, debemos «apretar los dientes»; «rechinando los dientes» vamos dos veces al año al dentista. Todos nosotros conocemos y utilizamos estas y otras expresiones semejantes. Y aun así, cuando se habla de enfermedades dentales, la mayoría de las veces se piensa de manera exclusiva en causas como la falta de higiene dental, una alimentación incorrecta, bacterias, o factores hereditarios desfavorables.

Una primera relación entre la salud dental y la vida anímica se hace evidente si pensamos en el miedo que nos produce la pérdida de los dientes. Unos dientes intactos se consideran un símbolo de atractivo, juventud y fuerza. La pérdida de los dientes la asociamos a la vejez y a la decadencia. No es sorprendente: con cada diente que nos arrancan o que se nos cae, perdemos un fragmento de nosotros mismos en el más estricto sentido de la palabra. Por esta razón muchas enfermedades dentales conducen a problemas psíquicos como el derrotismo, la irritabilidad, la valoración negativa de uno mismo, la falta de empuje.

El dentista alemán Dietrich Volkmer se interesó por la relación existente entre determinadas enfermedades dentales y el perfil anímico de la persona afectada. Sus observaciones apuntan a un efecto recíproco entre el estado de los dientes y el estado anímico. El estado de los dientes influye en nuestra vida emocional. A la inversa, los factores psíquicos influyen en la salud dental y pueden, por ejemplo, favorecer la paradontosis, el rechinar de dientes y las caries.

Paradontosis.—A Volkmer le llamó la atención que los pacientes que sufren paradontosis carecen a menudo de un sólido arraigo familiar o profesional. Parecidas observaciones hizo el dentista Alexander Rossaint de Aachen. Relacionó los problemas de la encía con la falta de confianza primaria del paciente y su incapacidad para poner por obra las decisiones tomadas.

Rechinar los dientes.—Las personas que no manifiestan sus deseos y necesidades porque siempre dan por supuesto de antemano que les serán negados, sufren con más frecuencia que otras personas el rechinar los dientes. Los dentistas con una orientación integral recomiendan, en consecuencia, a los notorios rechinadores de dientes terapias corporales como forma de canalizar las agresiones acumuladas.

Caries.—Las personas cuya necesidad de reconocimiento y de afecto no es satisfecha de forma suficiente tienden en mayor grado a tener caries. La explicación es sencilla: las necesidades insatisfechas las compensan con un mayor consumo de azúcar.

En la aparición de la caries también puede jugar un papel el estrés —sin pasar por el consumo de azúcar—. En 1958 el odontólogo californiano Ralph Steinman descubrió la existencia de un mecanismo de protección que actúa en contra de la destrucción del esmalte dental producido por las bacterias. Este mecanismo de protección es generado por una hormona de la glándula parotídea. Ésta recibe sus órdenes desde un centro de mando del cerebro, que reacciona de forma muy sensible al estrés. Un experimento llevado a cabo con ratas demostró la estrecha relación entre el estrés y la caries: las ratas recibieron una alimentación rica en azúcares y generadora de caries. Algunas de las ratas tenía mucho espacio y una gran libertad de movimientos. Las otras fueron sometidas a una situación generadora de estrés, encerradas en jaulas de dimensiones reducidas. En el grupo sometido a estrés hubo muchos más animales afectados de caries que en el otro grupo.

Sistema inmunológico

Durante mucho tiempo, la medicina ha considerado el sistema inmunológico como un sistema cerrado que se autorregulaba. Sin embargo, el neurobiólogo David Felten ha descubierto que a cada órgano del sistema inmunológico llegan determinados haces nerviosos. Las sustancias químicas que actúan como mensajeros —los neurotransmisores— establecen, mediante estas conexiones, un intercambio de información entre el cerebro y el sistema inmunológico. De ahí se deduce que los pensamientos y emociones pueden influir en las defensas frente a la enfermedad.

Las situaciones de estrés —por ejemplo, una separación o la pérdida del puesto de trabajo— pueden causar un debilitamiento del sistema inmunológico. Esto se produce, sobre todo, cuando la situación desencadenante del estrés se vive como incontrolable.

Felten observó durante sus trabajos de investigación que la soledad y la reducción de las defensas frente a la enfermedad suelen aparecer asociadas: la soledad parece un factor de riesgo para el sistema inmunológico. Un estudio realizado con estudiantes de medicina dio como resultado que aquellos que tenían menos respaldo social y se sentían más solos poseían unas defensas inmunológicas crónicamente debilitadas con mayor frecuencia que aquellos que temían no aprobar un examen. También entre las personas mayores se ha demostrado la estrecha relación entre la soledad y una reducción de las defensas del organismo. En determinados casos, el hecho de que se produzca una mejora en los contactos sociales puede actuar de forma más positiva sobre el estado de salud de las personas solas que el tratamiento con medicamentos.

La esperanza como medicamento milagroso

De hecho, el título de este capítulo debería estar entre signos de interrogación. En modo alguno queremos sugerir que cada persona enferma podría recuperar la salud por el mero hecho de creer firmemente en ello. Tampoco queremos insinuar que una postura optimista pueda sustituir el tratamiento médico: sin embargo, la esperanza como medicamento milagroso puede a veces aumentar las perspectivas de curación.

Optimismo

En una investigación estadounidense se realizó un test de optimismo entre pacientes que habían sufrido infartos. Al cabo de ocho años, sólo cuatro de los veinticinco pacientes pesimistas estaban vivos, de los veinticinco pacientes optimistas diecinueve habían sobrevivido. Al parecer, los optimistas tienen mayores probabilidades de superar un infarto.

Las personas optimistas no se resignan ante las enfermedades. Parten de la base de que pueden influir de forma positiva en su proceso de curación y pasan a la acción. Toman con regularidad sus medicamentos; se informan sobre su enfermedad y los posibles factores de riesgo; modifican sus hábitos cotidianos y, por ejemplo, cambian su alimentación. Su actitud optimista actúa reforzando de forma óptima el tratamiento médico.

Por el contrario, los estados de ánimo depresivos entorpecen la curación. Un estudio realizado en mujeres con una fractura de fémur puso de manifiesto que las pacientes que sufrían depresiones tuvieron que permanecer en el hospital, por término medio, una semana más que las mujeres que no eran depresivas.

Forma parte del cuadro clínico de la depresión también la falta de estímulo. A menudo, las personas depresivas no están en situación de contribuir de forma activa a su curación. Por ejemplo, es poco probable que tomen con regularidad sus medicamentos. Las medidas terapéuticas que requieren una colaboración intensa del paciente —por ejemplo, una fisioterapia— tiene pocas probabilidades de éxito en personas depresivas.

Asistencia psicoterapéutica

Hace seis años un estudio del médico estadounidense David Spiegel, que causó sensación, despertó nuevas esperanzas en los pacientes de cáncer. Spiegel observó, durante un espacio de tiempo de diez años, a ochenta y seis mujeres con cáncer de mama en estado avanzado, en las que ya se habían formado metástasis. La mitad de las pacientes sólo fueron tratadas con la medicina tradicional. La otra mitad participó además en un grupo de conversación semanal. Allí las mujeres tenían la oportunidad de hablar con otras afectadas sobre sus experiencias con la enfermedad, sus problemas y sus miedos. Aparte de esto, se llevó a cabo un cursillo de técnicas de relajación para paliar los efectos secundarios de la radioterapia y la quimioterapia. Las mujeres del grupo que recibió asistencia psíquica sobrevivieron —en comparación con el grupo de control— una media de casi un año y medio más. Al cabo de diez años, tres de las ochenta y seis pacientes todavía vivían. Las tres habían participado en el grupo de psicoterapia.

Entre los especialistas, los resultados del estudio de Spiegel son muy cuestionados. El médico suizo Claus Buddeberg, por ejemplo, que también llevó a cabo un estudio con pacientes de cáncer de mama, no estableció ninguna clase de relación entre la superación psíquica de la enfermedad y el desarrollo de la misma.

En lo que sí hay un acuerdo generalizado es que, en cualquier caso, la asistencia psicológica a los pacientes de cáncer es beneficiosa. Por regla general, se superan entonces mejor las consecuencias psíquicas de una enfermedad como el cáncer. Las pacientes tratadas psíquicamente —de acuerdo con los resultados de un estudio británico— manifiestan un mayor espíritu de lucha, sufren menos bajo emociones como el miedo y la impotencia y padecen menos estrés.

Los pacientes también son seres humanos

Matías está inquieto. Desde hace unas semanas se despierta casi todas las noches con acidez de estómago. Decide pedir hora en la consulta de un internista. El médico escucha los síntomas y examina a Matías. Al explorar el abdomen, éste tiene fuertes dolores. El médico frunce el ceño y comunica a Matías que al día siguiente debe volver en ayunas; tiene que llevar a cabo una endoscopia estomacal. Matías se horroriza. En ese momento sólo se le ocurre una cosa: cáncer. Incapaz de preguntar, sale de la consulta. El resto del día lo obsesionan preguntas atormentadoras: ¿Por qué quiere el médico hacerle una endoscopia? ¿Cómo transcurre una exploración de ese tipo y, sobre todo, qué pasará si realmente tiene cáncer de estómago? Después de una noche de insomnio llega a la consulta lleno de inquietud. Como Matías está tan tenso, el médico tiene dificultades para introducirle el tubo de goma para la endoscopia. Por lo tanto, administra a Matías un tranquilizante cuyos efectos secundarios le seguirán causando molestias durante algunas horas. Cuando Matías se entera del resultado de la prueba se siente aliviado: gracias a Dios, sólo tiene una inflamación de la mucosa estomacal relativamente inofensiva.

Desde un estricto punto de vista médico, el especialista ha actuado de forma responsable y como corresponde a un profesional. Sin embargo, un médico con una mayor capacidad de empatía habría ahorrado al paciente al menos parte de sus miedos.

Profilaxis del miedo

A muchas personas, el mero hecho de tener que ir al médico les da miedo: ¿Acabará el médico por descubrir una enfermedad seria? ¿Realizará pruebas dolorosas? Algunas personas soportan dolores innecesarios sólo porque son incapaces de superar el miedo que les da ir al médico. Aquellos que, a pesar de sus miedos, se someten a una revisión, en algunos casos la viven de un modo más desagradable de lo que sería necesario: si Matías hubiera estado menos tenso, quizás ni siquiera habría necesitado un tranquilizante. De esta manera se habría ahorrado el *Hang-over* posterior.

En muchos casos, está en manos del médico el que su paciente se preocupe en exceso o no. Supongamos que el paciente tiene que someterse a una prueba desagradable o quizás dolorosa a la que no se ha sometido nunca: la mayoría de las personas en esta situación están inquietas. Pero muchos pacientes no manifiestan sus miedos. No quieren parecer hipersensibles o están bloqueados por el miedo. Quizá para ellos el médico representa una persona de autoridad, en cuya presencia se sienten inseguros.

Un médico que no sólo está interesado en realizar «una endoscopia de un día para otro», sino también por la persona a la que va a hacérsela, no excluirá los posibles miedos y temores de su paciente, ni los ignorará, ni los ridiculizará, sino que procurará mitigarlos poniendo los medios pertinentes:

- Informar sobre el tipo, duración y efectos secundarios de la prueba: por ejemplo, que se dará al paciente un calmante y, por lo tanto, no va a sentir casi nada durante la prueba.
- Explicar las implicaciones médicas: por qué es necesario hacer esa prueba, qué diferentes resultados es posible obtener con ella (las endoscopias —en contra de lo que temen muchos pacientes— no sólo se realizan cuando se sospecha la presencia de un cáncer de estómago, son un medio de diagnóstico para todo tipo de posibles enfermedades estomacales de lo más inofensivo).

- Tranquilizar y animar al paciente durante la realización de la prueba: «Tres minutos más y habremos terminado»; «Esto tiene buen aspecto».
- Acordar con el paciente, en un gesto con la mano, cuando los dolores sean demasiado fuertes o necesite una breve pausa.

Autodeterminación en lugar de indefensión

La palabra en latín *patient* significa, traducida, «el que soporta». Precisamente este papel pasivo no es el que el paciente debería adoptar desde el punto de vista de la medicina orientada de forma global. Más bien se apela a la propia reponsabilidad: el paciente como cómplice del médico en la lucha contra la enfermedad.

A menudo, el éxito del tratamiento depende del grado de implicación activa del propio paciente. Ya la mera ingestión regular de los medicamentos requiere la cooperación del mismo. El médico sólo puede escribir la receta y establecer la dosificación. El paciente tiene en sus manos el hacer uso o no de esa receta y después tomar los medicamentos en la dosis y durante todo el tiempo prescritos para el tratamiento. A menudo, las intervenciones quirúrgicas y los medicamentos no bastan para recuperar la salud de forma duradera. Muchas veces será necesario que el paciente cambie sus hábitos: deje de fumar, renuncie a las dos o tres copas de vino tinto por la noche, haga más ejercicio.

La enfermedad y el tratamiento médico suponen, en cualquier caso, una carga emocional. Se puede demostrar que el estrés se vive de forma mucho más intensa cuanto menores son las posibilidades de influir sobre los factores desencadenantes de ese estrés. En un experimento realizado con animales, éstos fueron sometidos a un ligero electrochoque, que no producía ningún dolor pero sí cierta irritación. Algunos de los animales tenían la posibilidad de desconectar el estímulo eléctrico, los otros no. Independientemente de si utilizaban esta posibilidad o no, los animales que podían «optar por la autodeterminación» se encontraban mejor que el grupo de comparación.

Las cargas son, por lo tanto, mucho más fáciles de llevar si se viven como algo controlable. Esto, trasladado a los pacientes, significa que aquel que se limita a «soportar» de forma pasiva tiene un estrés mayor que el paciente que participa de forma activa y autodeterminada al proceso de curación. Experiencias con enfermos de cáncer en estadio terminal han demostrado que los que se administran ellos mismos las inyecciones de morfina necesitan menos morfina que aquellos a quienes se la administra el médico o la enfermera. Al parecer, la posibilidad de poder controlar en cada momento el dolor por decisión propia actúa de forma beneficiosa sobre la sensibilidad frente al dolor.

No todos los pacientes pueden y quieren en igual medida asumir la propia responsabilidad. No todos pueden asumir igual de bien una terrible verdad. Forma parte de las tareas del médico hacerse una idea de lo que puede esperar o no del paciente. Esto se consigue tanto mejor cuanto mayor es la atención que el médico presta a su paciente como persona, lo escucha e intenta hacerse una idea de su psique. Frente a un paciente que en todos los demás ámbitos de la vida está acostumbrado a tomar decisiones y asumir responsabilidades, el médico deberá adoptar más bien el papel de un asesor especializado y competente. Si consigue convencer al paciente con sus proposiciones, el paciente crítico colaborará de forma fiable.

Para otros pacientes, sin embargo, la idea de asumir la responsabilidad en temas de salud es, por lo menos, inusual. Se sienten mejor cuando pueden confiar en la autoridad del médico. En determinados casos, las diferentes propuestas y alternativas les dan sensación de inseguridad: ¿Acaso el médico no sabe con exactitud lo que tiene que hacer? A la preocupación original debida a los problemas de salud se añade entonces el miedo de tener que enfrentarse solo a esos problemas. Se requiere una buena capacidad de percepción por lo que respecta a las condiciones psíquicas del paciente, por parte del médico, para saber encontrar la «dosis» correcta de responsabilidad que puede asumir el paciente.

La consulta del médico como empresa de atención al cliente

Ahí no sirven ni las mejores revistas: en la sala de espera de la consulta de un médico, la mayoría de las veces el tiempo transcurre con una lentitud atormentadora. A la tensión producida por la inmediata visita, pronto se añade también la indignación: ¿De qué sirve pedir hora? Y si encima la auxiliar del médico reacciona con brusquedad cuando le preguntamos cuánto tiempo más tendremos que esperar, nuestra tensión arterial suele aumentar de forma perjudicial para la salud.

Los pacientes son clientes que pagan. Cuando se encuentran a gusto en una consulta médica, esto no sólo beneficia a su salud; su satisfacción es también decisiva para que una consulta médica sea floreciente o no. Y esta realidad, a menudo se ignora.

Pero, por lo menos, parece haberse reconocido el problema. En las revistas médicas se amontonan los artículos que hacen referencia al tema «consultas médicas agradables para los pacientes». Se ofrecen seminarios en los que las auxiliares médicas pueden mejorar su trato con los pacientes. En parte, los consejos que allí se dan pueden parecer triviales. Pero la verdad es que una amable sonrisa de la enfermera puede tener como efecto que el paciente se sienta menos tenso y más a gusto. Y si la enfermera se dirige a él llamándolo por su nombre, se incrementa el convencimiento de estar en buenas manos: allí no es un simple número.

La organización y la decoración de una consulta médica puede ahorrar a los pacientes algunas emociones desagradables. Los tiempos de espera exageradamente largos, que (con toda razón) indignan al paciente, pueden evitarse mediante un sistema de citas bien organizado. Y cuando —lo que es inevitable en la vida cotidiana de una consulta médica— se producen retrasos más prolongados, el paciente reaccionará de forma menos irascible si la enfermera lo informa de la previsible duración del retraso y pide su comprensión.

Y otro punto más: También los pacientes —y ellos más que nadie— tienen derecho a la intimidad, al tacto y a la discreción. No todos los pacientes aprecian el desenfado en la consulta médica: la indicación «Desnúdese de cintura para arriba, el doctor viene enseguida»; la puerta abierta en la sala de curas donde se está cambiando el vendaje a una herida; o el inconsciente saludo que todo el mundo puede oír: «Ah, sí. Viene para hacerse el contraste de colon» se producen todos los días en muchas consultas, con toda naturalidad. Pero no contribuyen al bienestar emocional del paciente. La mayoría de las veces bastan sencillos cambios en la distribución de la consulta y en su organización para respetar el pudor de los pacientes y su derecho a la protección de datos. ¡Lo que sí es difícil en estos temas es cambiar las mentalidades!

Cuarta parte

Los cimientos se ponen muy pronto

No por malos padres:
formación emocional en la familia

«LO QUE NO SE APRENDE de pequeño, ya no se aprende de mayor.» Por suerte, esto no es válido en todo cuanto hace referencia a las capacidades de la inteligencia emocional. También en la edad adulta podemos todavía aprender (mejor) a manejarnos de forma inteligente con nuestras propias emociones y con las de los demás.

A pesar de todo, en los primeros años de vida se forma de manera decisiva el mundo emocional: la confianza en uno mismo, el autocontrol, la actitud abierta frente a lo nuevo, la capacidad de empatía, el saber disfrutar del contacto con otras personas son capacidades elementales que los niños van construyendo ya en el seno de su familia. Son la base del posterior desarrollo emocional. El grado de estabilidad de estas bases depende, sobre todo, de lo bien que los mismos padres sepan manejar sus propias emociones; por lo general, los padres inteligentes desde el punto de vista emocional también son eficaces educadores emocionales.

La formación emocional vale la pena: los niños que han aprendido muy pronto a manejar bien sus emociones obtienen mejores resultados en el colegio que otros niños con parecidas capacidades intelectuales pero menos diestros desde el punto de vista emocional. Hacen amigos con más facilidad, tienen una relación relajada y franca con sus padres y son menos suceptibles a los trastornos de comportamiento y a los problemas escolares.

Las primeras experiencias emocionales

En los primeros cuatro años de vida, el cerebro humano crece hasta alcanzar dos tercios de su volumen definitivo. Durante esta fase, las conexiones neuronales se forman con mucha más rapidez que durante el resto de la vida. Por lo tanto, los procesos de aprendizaje durante los primeros años de vida se producen con mayor facilidad que en cualquier otro momento posterior. La primera infancia ofrece una oportunidad única de poner en marcha el desarrollo de las capacidades latentes. Esto es válido también para el desarrollo del mundo emocional.

Las raíces de la indefensión

Si tiene algún hijo, ya conocerá el típico consejo bien intencionado: «Deja que el bebé llore un rato.»

Seguir este consejo es cualquier otra cosa menos provechoso para el desarrollo emocional de un bebé. Cuando los bebés no se sienten bien, tan sólo tienen una única posibilidad de ayudarse a sí mismos: gritar para que alguien acuda en su ayuda. No pueden hacer otra cosa para calmar su hambre o poner remedio a sus dolores de barriga. Para el desarrollo emocional de un bebé es importante saber que los padres reaccionan a su llanto. Se da cuenta de que puede conseguir ayuda e influir y modificar esas situaciones de emergencia. Esta posibilidad de control le da una sensación de seguridad en sí mismo.

Cualquier persona que repetidas veces haga la experiencia de no poder provocar ningún cambio en las circunstancias que lo rodean, estará cada vez menos motivada para tratar de influir en su entorno. Las posibles consecuencias a largo plazo —esto lo demuestran los estudios de Martin Seligman— son el miedo, la depresión, la indefensión.

Es natural que los padres se pregunten si no reprimen otras capacidades emocionales importantes —por ejemplo, el control de los impulsos— si acuden de inmediato en cuanto el bebé llora. No deje que eso le cree inseguridad: en los primeros meses de vida, por lo general, los bebés sólo lloran cuando se encuentran en una situación que ellos perciben como una situación de emergencia. Sólo los niños más mayores utilizan el llanto de forma consciente para llamar la atención y conseguir la dedicación de los padres. Cuanto mayor se hace el niño, los padres deberán aprender a distinguir con mayor exatitud entre las necesidades agudas y las que pueden aplazarse.

El desarrollo de la empatía

La disposición natural a la empatía la manifiestan los bebés muy pronto: bebés de tres meses reaccionan alterándose ante el llanto de otro niño y empiezan ellos mismos a llorar. ¿Por qué se pierde en algunas personas la capacidad innata de ponerse en lugar de los demás?

Según la opinión del psiquiatra estadounidense Daniel Stern, el desarrollo de la empatía depende de si los padres consiguen sintonizar con las emociones del niño. Las reacciones de los padres frente a las manifestaciones emocionales del niño, tanto si son demasiado débiles como si son demasiado intensas, desencadenan en éste confusión y aflicción:

- Si emociones como, por ejemplo, la necesidad de caricias se ignoran de forma permanente, el niño, poco a poco, deja de manifestarlas: porque no tiene ningún sentido hacerlo.

- Pero es igual de incorrecto que los padres exageren el «cuidado» emocional del niño —por ejemplo, reclamándole «un besito más», cuando el niño ya hace rato que muestra interés por otras cosas. A la corta o a la larga, esto hace que el niño relacione los mimos con vivencias desagradables y deje de manifestar su necesidad de ternura.

La atención emocional excesiva o demasiado escasa puede incluso provocar que, en un momento dado, el niño sencillamente deje de percibir las emociones ante las que con frecuencia los padres reaccionan de forma demasiado débil o demasiado intensa. Su mundo emocional se empobrece.

Las emociones que se encuentran fuera de nuestro propio repertorio emocional tampoco podemos percibirlas en los demás. En resumen: por lo general, los hijos de padres capaces de percibir las emociones ajenas desarrollan también una buena capacidad de percepción frente a las emociones ajenas; la mayoría de los hijos de padres menos empáticos tendrán en el futuro menos sensibilidad para percibir las emociones de los demás.

Los errores más frecuentes

Un estudio estadounidense publicado en 1994 sobre las emociones en el seno de la familia, describe comportamientos de los padres que producen un efecto negativo en el desarrollo emocional de los hijos. Entre los errores más frecuentes se encuentran el hecho de ignorar las emociones infantiles, una exagerada tolerancia y un escaso respeto por las emociones del niño.

Ignorar las emociones.—Julián intenta colocar las piezas de un rompecabezas. Por fin lo consigue: todas las piezas están en el lugar correcto. Está orgulloso de su obra. Su madre lee una revista. Julián gatea hasta ella y tira de su brazo: quiere mostrarle su rompecabezas. La madre de Julián levanta por un momento la vista. Cuando se da cuenta de que el pequeño quiere algo, le dice sin ningún interés «Sí, muy bonito» y vuelve a dirigir su atención a la revista.

Algunos padres ignoran los movimientos emocionales de su hijo que a ellos, desde la perspectiva del adulto, les parecen triviales. No se dan cuenta de lo importantes que esas experiencias emocionales, en apariencia insignificantes, tienen para el desarrollo ulterior del niño. Con ello pierden la oportunidad de profundizar en la relación con su hijo. Y cometen el error de no apoyar su desarrollo emocional. Si la madre de Julián reacciona con frecuencia con tanta indiferencia frente a sus pequeños éxitos, las perspectivas del niño de poder construir una sana autoestima disminuyen.

Tolerancia exagerada.—Los padres de Teresa consideran importante que su hija se desarrolle tan libre de coacciones como sea posible. Así que cuando Teresa está furiosa, puede dar rienda suelta a su ira sin que nadie se lo impida. Los padres no intervienen ni siquiera cuando da golpes a su alrededor o se pone a romper cosas a propósito.

Los padres tolerantes en exceso dejan que el niño se las arregle por su cuenta con sus emociones. En algunos casos, detrás de este comportamiento de los padres se encuentra un concepto particularmente liberal de la educación; otros se limitan a adoptar la postura de la mínima resistencia. Los padres que por principio se lo permiten todo a su hijo pierden la ocasión de enseñarles estrategias para manejarse con las emociones: a Teresa, por ejemplo, se le podría haber enseñado a golpear un almohadón o a hacer volteretas cuando está furiosa. Pero, de esta manera, no ha aprendido a controlar su agresividad y es probable que con sus estallidos provoque que la dejen de lado cuando esté con otros niños.

Escaso respeto por las emociones del niño.—Félix se despierta por la noche llorando porque ha tenido una pesadilla.

Después no quiere volver a dormir a oscuras. Su madre da gran importancia al hecho de que sus hijos no sean unos blandengues: al fin y al cabo, quiere que en el futuro sean capaces de salir adelante en este mundo tan duro. En su opinión, Félix tiene que acostumbrarse a la oscuridad.

Los padres con principios y concepciones de la vida muy claros no toleran en sus hijos ninguna manifestación emocional que vaya en otra dirección que la deseada. «¡No te pongas así!» suelen decir, por ejemplo, los padres que dan mucha importancia a que el niño aprenda a dominarse. A la larga, el niño dejará de manifestar las emociones de las que sabe que provocan en sus padres una reacción de rechazo. Se quedará solo con sus miedos y preocupaciones. Sin la ayuda de sus padres, a Félix le resultará difícil encontrar los mecanismos adecuados para tranquilizar sus emociones. Si la madre respetara el miedo de su hijo, podría ir acostumbrándolo poco a poco a dormirse de nuevo en la oscuridad, dejando la luz encendida y reduciendo la intensidad cada noche un poco. Sería una experiencia importante para Félix, ya que le enseñaría que es capaz de superar el miedo poco a poco.

La educación indirecta: el ejemplo de los padres

Sabemos que cuando los niños están cerca no debemos cruzar la calle con el semáforo en rojo —ni siquiera cuando no pasa ningún coche—. El motivo: quizás los niños nos imitarían y —puesto que todavía no pueden hacer una valoración de las situaciones que se dan en el tráfico rodado tan bien como nosotros— es posible que corrieran peligro.

Aunque los padres a menudo no se dan cuenta, un niño realiza un gran número de experiencias de aprendizaje imitando todo cuanto ve y oye: la lengua materna, por ejemplo, se aprende en parte de esta manera. La mayoría de las veces, sólo somos conscientes de este aprendizaje, fruto de la imitación, cuando el niño adquiere malos hábitos en algún sitio. Por ejemplo, cuando ensaya en todas las ocasiones que se le presentan —sean adecuadas o no— las palabrotas que ha oído en el parvulario. Se imitan con particular empeño las personas con las que el niño tiene una buena relación emocional; por lo tanto, en primerísimo lugar, los padres. Por eso es tan importante que los padres vivan aquello que quieren conseguir en sus hijos: si quieren que su hijo sea honesto, deben practicar también la honestidad. También es válido esto para el manejo de las emociones: los padres, por medio de su propio comportamiento emocional, les muestran el camino a seguir.

Tranquilizarse uno mismo

Bastian está orgulloso de dormir solo en su habitación. Sólo cuando hay tormenta le entra un miedo bastante considerable y corre al dormitorio de sus padres. Un día que vuelve a haber tormenta, los padres de Bastian no están en casa. Y él no quiere correr a refugiarse al lado de la canguro. Mientras en él todavía luchan el orgullo y el miedo, coge a su osito en brazos, lo acaricia y le habla, diciéndole de que no debe tener miedo. Su propio miedo, al hacer esto, se hace cada vez menor.

Bastian se ha comportado como suelen hacerlo sus padres cuando él tiene miedo: tomarlo en brazos, acariciarlo y darle ánimos. Utilizando el rodeo del «osito», se ha tranquilizado a sí mismo, copiando el comportamiento de sus padres. Bastian ha aprendido como puede tranquilizarse a sí mismo cuando se siente invadido por el miedo.

Los padres que perciben las emociones de sus hijos, las admiten y las suavizan, de manera indirecta les están mostrando las posibilidades que tienen de poderse tranquilizar a sí mismos cuando están alterados.

Miedo aprendido

Sabrina juega con su madre en el jardín. De pronto, la madre de Sabrina grita y aparta a la niña: una araña se está descolgando por su hilo, justo a su lado. Desde entonces Sabrina tiene miedo de las arañas. Observando el miedo de su madre, Sabrina a aprendido a tener miedo ella misma.

También miedos más sutiles de los padres se transmiten a los hijos, incluso cuando los padres creen no haber mostrado nunca esas emociones a sus hijos. Muchos niños tienen percepciones muy sensibles para los cambios en el ambiente y captan con exactitud cuándo la madre o el padre están inquietos. La inquietud de los padres se transmite al niño. Por ejemplo, es muy probable que los niños cuyas madres están muy preocupadas por cómo le irán las cosas a su hijo en el parvulario reaccionen ante esa nueva situación con más miedo que otros.

Agresividad aprendida

Andreas, durante el recreo, ha empujado a un compañero. La maestra le comenta el incidente a la madre. Cuando por la noche el padre se entera de lo sucedido, se enfurece. Le da una bofetada a su hijo y le grita: «¿Cuántas veces tengo que decirte que dejes en paz a tus compañeros?»

Es de suponer que Andreas ya ha pasado a menudo por la experiencia de que su padre utilice la violencia cuando está furioso con él. Observando a su padre ha hecho su aprendizaje: cuando está furioso —por ejemplo, a causa de las burlas de un compañero—, aplica las mismas estrategias que el padre: reacciona con agresividad. El mensaje verbal del padre («¡Debes dejar a tus compañeros en paz!») no tiene el menor efecto ya que está en contradicción con su propio comportamiento.

Pesimismo aprendido

En el último control de matemáticas, Julia sacó un insuficiente. Para el siguiente control se prepara muy bien, estudiando con ahínco en compañía de una amiga. El mismo día del examen, por la mañana, la madre de Julia le dice: «Seguro que volverás a sacar una mala nota. Ya de pequeña, en los primeros cursos, tuviste siempre dificultades con las matemáticas.» Esta vez Julia saca un Bien. El comentario de su madre: «Qué suerte has tenido.»

La madre de Julia está programada para resignarse ante los fracasos y considerar los éxitos una mera cuestión de suerte. Con el tiempo, lo más seguro es que Julia aprenda que uno mismo, haga lo que haga, no puede influir —o muy poco— sobre los acontecimientos de la vida. Los éxitos son casuales, los fracasos no son controlables. No tiene ningún sentido adoptar una postura activa.

Es muy posible que el afán de estudiar de Julia pronto disminuya y que en el siguiente control vuelva a obtener, efectivamente, malos resultados. En definitiva, así se confirmaría el mensaje de la madre. Aunque Julia sufre bajo el punto de vista pesimista de su madre, es probable que, a la larga, acabe adoptándolo. Es de temer que, como su madre, se convertirá en una persona insegura, pasiva y depresiva.

Por el contrario, los hijos de padres optimistas tienen grandes posibilidades de desarrollar a su vez un mundo emocional marcado por la confianza. Los padres optimistas les transmiten con su ejemplo el siguiente mensaje: los éxitos son —por lo menos en parte— atribuibles al propio esfuerzo, y los fracasos son una oportunidad de mejorar. Una madre optimista habría atribuido el éxito de Julia a su buena preparación y la habría animado a seguir estudiando con ahínco.

Hablar de las emociones

«¡No hay que dejar que el corazón se salga por la boca!» Podríamos suponer que en las familias en las que rige esta máxima, las emociones no son ningún tema a considerar. Pero, para poder manejarnos con nuestras propias emociones y con las de los demás, debemos, por lo menos, poder darles un nombre. Debemos tener palabras para aquello que pasa en nosotros en el plano de las emociones. Cuanto más reducido sea nuestro vocabulario emocional, no sólo nos quedaremos mudos en lo que se refiere a las emociones, sino también sordos y ciegos: mudos, porque no podremos hablar acerca de nuestros sentimientos; sordos, porque no podremos prestar oídos a nuestro mundo emocional; ciegos, porque no percibiremos las emociones de los demás.

Llamar a las emociones por su nombre

Florián tiene un año. Está construyendo una torre con cubos de madera. Cuando la torre se derrumba, el pequeño se echa a llorar. Su madre lo toma en brazos y le dice: «Ya sé que ahora estás muy enfadado.» Al hacerlo, adopta la misma expresión del rostro de su pequeño hijo.

La madre da un nombre a la emoción de su hijo mucho antes de que éste ni siquiera sepa hablar. De esta manera, va aportándole conceptos que el niño puede relacionar con la experiencia emocional que está sintiendo. Mientras lo hace, también ella adopta una expresión facial que manifiesta enojo. En el rostro de la madre, Florian puede comprobar qué aspecto tiene el enojo. Cuando estos procesos se repiten, el niño aprende poco a poco que el enfado siempre produce la misma emoción y tiene el mismo aspecto: puede relacionar la palabra con una determinada imagen: se pone una «etiqueta» a la emoción, se le da un nombre. Si la madre (o el padre) no verbalizara las emociones del niño y no le comunicara también —siempre que fuera posible— sus propias emociones, el vocabulario del niño, tanto activo como pasivo, tendrá considerables lagunas en el ámbito emocional.

Historias con emoción

Muck, el pequeño erizo, está triste. No tiene amigos porque todos los animales tienen miedo de sus púas. «Si nadie me quiere —se dice Muck con insolencia—, por lo menos que me tengan miedo.» Pero cuando el pequeño erizo quiere desahogar su frustración en los otros, él mismo sale perdiendo. El oso Ringo le explica lo que sucede: «Hacer algo malo a los demás sólo te traerá problemas, te crea enemigos y te hace estar solo, porque nadie te quiere.» Muck se da cuenta de que no es su aspecto lo que le impide encontrar amigos y la historia acaba bien. (De: Yoto Imoto / Yoto Yamazaki. *Muck, el pequeño erizo.*)

Este cuento ilustrado habla de los procesos emocionales que también tienen lugar en muchos niños: decepción porque nadie quiere jugar con ellos; el deseo de tomar represalias; el desconcierto cuando las represalias no producen ninguna satisfacción. Los dibujos ilustran las emociones descritas: muestran al erizo con diferentes expresiones faciales, en función de lo que siente en esos momentos.

Los cuentos ilustrados adecuados amplían el vocabulario emocional: una determinada mímica se relaciona con determinadas palabras, como la alegría, el miedo, la rabia, etc. Puesto que los niños pueden identificarse fácilmente con personajes como el pequeño erizo, están bien predispuestos a hablar de emociones parecidas que ellos mismos sienten. Las experiencias emocionales del personaje, animan al niño a hablar abiertamente de sus propias y parecidas emociones. Para los padres es una buena oportunidad de descubrir los miedos, decepciones y deseos de su hijo y de ayudarlo a aclararse mejor con ellas. Para el niño es una buena ocasión de aprender el lenguaje de las emociones.

Mediante historias que ellos mismos inventen, los padres pueden iniciar conversaciones en torno a problemas sobre los que su hijo guarda silencio. Supongamos que a su hijo, en el parque y de forma habitual, los otros niños le quitan los juguetes y usted ve cómo sufre por ello en silencio. Cuéntele una historia en la que niños, animales o usted mismo de pequeño tengan que enfrentarse al mismo problema. Utilizando este rodeo, al niño le resultará más fácil abrir su alma y hablar de sus emociones.

Atención pasiva

Los niños pueden hablar con mayor facilidad sobre sus experiencias y las emociones ligadas a ellas cuando los padres escuchan con atención y no manifiestan de inmediato su propia opinión. Hay muchas posibilidades de dar señales —también sin emplear palabras— de que de verdad se está escuchando con toda atención: a través de contacto visual, con una postura del cuerpo atenta y abierta, y un asentimiento de vez en cuando, los padres pueden manifestar con claridad la atención que están prestando a su hijo. Thomas Gordon, en su libro *Die Familienkonferenz* («La asamblea familiar»), llama a este método «atención pasiva». Un ejemplo, podría ser la siguiente conversación:

SARA: Hoy me han mandado al despacho del director.
MADRE: ¿Ah, sí?
SARA: Sí, el señor Wieser ha dicho que hablo demasiado.
MADRE: ¡Vaya!
SARA: No puedo soportar a ese viejo tyrannosaurus. Se sienta en su silla y nos cuenta sus problemas o nos habla de su nieto y espera que eso nos interese. No te puedes imaginar lo aburrido que es.

MADRE: Hmmm.

SARA: Es tan aburrida su clase. Te vuelves loco. Él tiene la culpa de que nos pasemos toda su clase haciendo el tonto. Es el peor profesor que se pueda imaginar. Me pone furiosa.

MADRE: (Silencio.)

SARA: Cuando tengo clase con un buen profesor, atiendo y participo, pero con alguien como el señor Wieser se me quitan las ganas de aprender. ¿Por qué se habrá hecho profesor?

MADRE: (Se encoge de hombros.)

SARA: Bueno, no me quedará más remedio que acostumbrarme a él; supongo que no siempre tendré buenos profesores. Hay más profesores malos que buenos, y si me dejo avasallar por los malos nunca tendré las notas que necesito para la selectividad.

Escuchar en silencio pero con atención permite al niño desahogar su frustración y su rabia. La madre no hace el menor comentario sobre las manifestaciones emocionales. Con ello se crea una atmósfera en la que Sara se siente acogida y al mismo tiempo puede encontrar una especie de solución al problema.

Muchos padres habrían reaccionado a las confidencias de su hijo de forma muy diferente: «¡Seguro que te has vuelto a pasar la clase charlando!»; «¡Tú te lo has buscado!»; «¡Ojalá sea para ti una lección!». Este tipo de reacciones habrían bloqueado otras confidencias del hijo: difícilmente habría llegado a encontrar por sí mismo una posible solución al problema.

Atención activa

Otra técnica muy adecuada para iniciar una conversación con niños y jóvenes y poder mantenerla es escuchar de *forma activa*. Exige de los padres que sean capaces de ponerse en el lugar del otro para poder descifrar de manera correcta los mensajes emocionales que hay detrás de las confidencias de sus hijos. Para ilustrarlo, presentamos otro ejemplo extraído de la *asamblea familiar* de Gordon y que hemos retocado en cuanto al lenguaje:

SONIA: Oye papá, ¿qué clase de chicas te gustaban más cuando eras joven? ¿Cómo eran?

PADRE: Supongo que te preguntas cómo deberías ser para gustar a los chicos. ¿Es eso?

SONIA: Sí, en cierto modo, tengo la sensación de que no les gusto y no sé por qué.

El padre ha descifrado correctamente el mensaje y ha expresado lo que le sucede a su hija. De esta manera da a la conversación un nuevo sentido. Ya no se trata tan sólo de qué era lo que al padre le parecía interesante en las chicas. El problema real es ahora el tema central: la inseguridad y las dudas sobre sí misma de la hija.

La timidez no es un destino inevitable

El miedo ante los contactos sociales está muy extendido: Se dice que en Estados Unidos afecta a casi la mitad de la población. El miedo ante los demás —también en Alemania— ocupa el segundo lugar, en cuanto a frecuencia, en los trastornos originados por el miedo.

Un estudio realizado entre estudiantes berlineses pone de manifiesto hasta qué punto esto afecta también incluso a colectivos en los que apenas se habrían sospechado este tipo de miedos. El 51 por 100 de los estudiantes declararon que les daba miedo hablar en situaciones que no fueran privadas; el 35 por 100 sufría el miedo al fracaso; el 16 por 100 temía hacer el ridículo ante los demás. A causa de estos miedos, evitaban siempre, en la medida de lo posible, encontrarse en situaciones en las que se vieran expuestos a la atención de los demás.

A las personas tímidas, la sensación de tener que presentarse de forma óptima las paraliza. En situaciones sociales se observan a sí mismos con un excesivo espíritu crítico. Por su mente pasan preguntas inquietantes: ¿Qué efecto causo en los demás? ¿Se dan cuenta de que estoy nervioso? ¿Estoy vestido de forma correcta? ¿Me he reído demasiado fuerte? ¿Qué digo si se produce un silencio en la conversación? Esta coercitiva observación de uno mismo desencadena estrés: aumento de la presión arterial, taquicardia, sudoración, sonrojos. A los tímidos les cuesta un enorme esfuerzo ocultar, ante los demás, su inseguridad. Y justo a causa de sus esfuerzos convulsivos por causar una buena impresión, tienden a cometer torpezas. Su miedo a ser mal acogidos por los demás los hace guardar silencio en las conversaciones. Los tímidos se ponen trabas a sí mismos.

El tímido, ¿nace o se hace?

«Yo era tímida ya de niña. Cuando mis padres me llevaban con ellos a algún sitio, me pasaba todo el tiempo llorando.» Esto lo dice Bettina. Ahora es ya una mujer adulta. Cuando tiene que participar en fiestas a las que asistirá un amplio círculo de personas, suele buscar un pretexto para no ir.

Marietta, la madre de Daniel, un niño de ocho años, informa: «De niño todo despertaba su curiosidad. Se lanzaba a explorar de inmediato cualquier nuevo entorno con que se encontrara.» En la actualidad, Daniel se cuenta entre los niños de su clase que son tan tímidos que ni siquiera se atreven a proponer un juego a sus otros compañeros.

¿La timidez es congénita o sólo la adquirimos, en forma de miedo ante los demás, a través de determinadas experiencias? Ambas cosas son posibles.

Timidez congénita.—Jerome Kagan, el investigador estadounidense del temperamento, llegó a la siguiente conclusión: en un tercio de los adultos tímidos la timidez forma parte del programa biológico. Ya en el vientre materno tienen una frecuencia cardiaca superior a la de otros fetos. A los cuatro meses presentan reacciones motrices más intensas que otros niños frente a sus percepciones sensoriales (objetos, ruidos, olores). En un entorno desconocido lloran más que otros bebés. A los catorce meses siguen mostrando una frecuencia cardiaca superior a la media cuando se ven confrontados con una nueva situación.

Kagan califica a estos niños como muy reactivos. Los datos obtenidos a partir de electroencefalogramas manifiestan un claro incremento de la actividad del hemisferio derecho y del sistema nervioso vegetativo cuando los niños son confrontados con algo nuevo. Es de suponer que la amigdala, responsable de la primera reacción emocional, reacciona con mucha más intensidad de lo que sería adecuado a la situación. Manda mensajes de advertencia al sistema nervioso vegetativo y produce así reacciones de miedo, como el aumento de la presión arterial y de la frecuencia cardiaca. El niño que experimenta estas reacciones corporales las vive como algo desagradable, tiene miedo y se siente a disgusto e inseguro. Los bebés manifiestan su malestar llorando. Los niños más mayores evitan las situaciones que los alteran y se retraen.

Otros científicos estadounidenses han comprobado que los niños que han sido engendrados en agosto o septiembre tienen una probabilidad mucho mayor de nacer siendo niños tímidos. Se supone que la causa es la hormona melatonina, conocida por su actividad neuronal. Durante los meses de invierno, en los que el feto madura en el vientre materno, la melatonina se produce en mayor cantidad. La hormona llega al feto a través de la placenta y puede provocar una elevada excitabilidad congénita.

Timidez adquirida.—Dos tercios de la totalidad de las personas tímidas no nacen con esta predisposición; su timidez se desarrolla a causa de influencias externas. Los estudios comparativos sobre diversas culturas realizados por el socio-psicólogo estadounidense Philip Zimbardo, en los que investigó las estructuras sociales en Israel, Japón y Taiwan, aportan interesantes datos sobre estas influencias externas. Entre otras cosas, se puso de manifiesto que el 60 por 100 de todos los japoneses y taiwaneses interrogados se consideraban tímidos, pero sólo el 30 por 100 de israelíes. Es de suponer que la causa de esta sorprendente diferencia se encuentra en el comportamiento educacional que predomina en cada país. Por lo general, en Israel los niños reciben mucha atención y dedicación, obtienen muchas alabanzas y reconocimiento. Se los anima a intentar cosas nuevas. En Japón y en Taiwan, los éxitos de los niños se atribuyen a los padres: los padres reciben el reconocimiento cuando el hijo hace algo bien. En cambio, de los fracasos sí se hace responsable a los propios niños.

Por lo tanto, es evidente que el hecho de que una persona llegue a ser tímida o no depende de si ha podido edificar un sentimiento de autoestima estable o no.

Lo que pueden hacer los padres

Las tres recetas contra la timidez son: calor de hogar, reconocimiento e infundir ánimos.

Calor de hogar.—Las personas para quienes la timidez es una palabra desconocida es muy probable que durante su infancia disfrutaran de mucha calidez, protección, seguridad y estabilidad. Sobre estas experiencias primarias pudieron edificar un sentimiento de autoestima estable. La relación con nuestros padres es nuestra primera relación interpersonal. Las experiencias con los padres se generalizan y se trasladan a la relación con otras personas: los niños que se sienten amados por sus padres confían con mayor facilidad en ser queridos por los demás. Por el contrario, los niños que han recibido poco amor de sus padres temen, también en el trato con los demás, la indiferencia o el rechazo.

Reconocimiento.—Las personas tímidas se valoran poco a sí mismas: se consideran carentes de interés, incapaces, torpes, nada atractivas. Observación: ellos se perciben así. La realidad puede ser muy diferente. Todos nosotros conocemos a personas que se relacionan con los demás con una absoluta seguridad en sí mismos, aunque no son particularmente listos, ni atractivos, ni dotados. Y también conocemos a otras personas que tienen muy buen aspecto, son inteligentes y realizan con éxito su trabajo, pero que cuando están con otra gente dan la impresión de inseguridad y retraimiento.

El hecho de tener una imagen negativa o positiva de uno mismo no sólo guarda relación con las cualidades objetivas de una persona. Los niños se hacen una imagen de sí mismos, ante todo, en función de las reacciones que perciben en sus personas de referencia más próximas. Para cuando empezamos a definirnos a nosotros mismos por comparación con otros, ya están marcadas las pautas: los niños que obtienen mucho reconocimiento por parte de sus padres creen en sus capacidades y parten de la base de que pueden compararse sin problema con los demás. Los niños a los que sus padres alaban pocas veces, dudan de sus propias cualidades y perciben a los otros niños como superiores a ellos. Se avergüenzan, tienen miedo de que se rían de ellos y se retraen.

Pero cuidado: cuando las alabanzas no corresponden a un auténtico rendimiento, a un verdadero progreso del niño, son más perjudiciales que provechosas. Algunos padres cubren a su hijo de alabanzas, independientemente de si en realidad el niño ha dado motivo para ello. La consecuencia: los niños tienden a sobrevalorarse a sí mismos. No ven sus propias cualidades de forma realista y, por lo tanto, a menudo no son tomados en serio por otros niños de su edad. Su comportamiento activo se ve perjudicado: al fin y al cabo, ya lo saben todo. A ello hay que añadir que, en un momento dado, la mayoría de los niños se dan cuenta de cuando detrás de una alabanza no hay un auténtico reconocimiento. A la larga, esas alabanzas injustificadas ni producen orgullo, ni fortalecen la seguridad en uno mismo. En este sentido es válido decir que lo poco (aunque dicho en serio) es, a veces, mucho.

Infundir ánimos.—Los niños tímidos tienen a menudo padres proteccionistas en exceso. Es difícil contestar a la pregunta sobre la causa y el efecto. ¿Es el niño tímido porque los padres le evitan cualquier dificultad?, o ¿quitan los padres a su hijo todas las piedras del camino porque es tímido y quieren ahorrarle toda inquietud? Sea como fuere, sobreprotegerlo no le ayuda. La timidez es una forma de miedo. Y los miedos no se pueden superar evitando las situaciones que los desencadenan.

Para librarse de los miedos hay que llegar a experimentar que se es capaz de dominar las situaciones que nos causan temor: la persona que tenga miedo a volar sólo podrá superarlo a medida que vaya sobreviviendo sano y salvo a un vuelo tras otro. Por lo tanto, los padres sólo pueden ayudar a su hijo tímido infundiéndole ánimos para que se vaya enfrentando a nuevas situaciones.

Pero lanzarlo de golpe al agua fría sería un error: si el niño no está a la altura de la situación y fracasa, sólo se consigue reafirmar el miedo. Lo bueno es encontrar o crear situaciones que previsiblemente el niño pueda superar.

A Tamara, que tiene dos años, no hay forma de convencerla de que se quede sola, sin su madre, con otra gente: ni con su abuela, ni con su abuelo, ni en casa de sus amigos del vecindario. En cuanto su madre se despide, Tamara rompe a llorar y se aferrar a ella. Hasta que a su madre se le ocurre cómo quizás podría arreglarse el problema: en una de las ocasiones en que la niña está jugando en el jardín con los niños de los vecinos, la madre da un helado a Tamara y a cada uno de los niños. Le explica a su hija que va a ir un momento a casa, pero que volverá antes de que Tamara se haya terminado el helado. Esa táctica tiene éxito.

Tamara puede imaginar el espacio de tiempo que se requiere para comerse un helado. La situación de miedo está, por lo tanto, claramente delimitada en el tiempo. Esto la ayuda a superarla.

Aprender para la vida:
formación emocional en la escuela

LOS PADRES Y MADRES que trabajan fuera de casa, los padres o madres que educan solos a sus hijos, las familias con un hijo único, la competitividad, el consumismo, la avalancha de estímulos a través de los medios de comunicación, los horarios planificados: son condicionamientos sociales que marcan el tipo de infancia de muchos niños en edad escolar. La consecuencia de todo ello es que no es corriente encontrar niños en edad escolar que posean un equilibrio emocional, relajados, capaces de establecer contactos, que puedan integrarse con facilidad en el gran grupo de la «clase». Muchos niños —en mayor o en menor grado— llegan a la escuela con carencias emocionales y sociales. La pregunta es: ¿Cómo pueden los maestros enseñar a los alumnos las reglas básicas que rigen en las emociones?

La educación indirecta:
El ejemplo de los profesores

La maestra de una clase de segundo debe dejar unos minutos solos a sus alumnos durante la hora de lectura. Antes de irse encarga a Philipp que se siente delante, en su mesa, y que después de cada párrafo haga leer al compañero siguiente. Cuando vuelve a la clase se queda asombrada: lo que ve, sentado en su silla, es una pequeña copia de ella misma. Philipp se ha metido del todo en su nuevo papel e imita a la perfección y de forma inconsciente la actitud corporal, los gestos y la elección de las palabras de su maestra. Alaba y amonesta a sus compañeros con la misma expresión facial y las mismas palabras que ella suele utilizar.

Cuando su hijo juega en casa «a colegios», con toda seguridad podrá enterarse de muchas cosas acerca de los comentarios más frecuentes, el tono y los hábitos de su maestro o maestra. Y también podrá darse cuenta de cómo reacciona ante determinadas situaciones.

Sobre todo para los alumnos más jóvenes, el profesor es una persona de referencia próxima a quien imitan con la misma intensidad que a los padres. Con ello se amplía su repertorio de comportamientos en una u otra dirección, dependiendo de lo que esté viendo hacer al profesor.

Soluciones conflictos

Entre los niños de una clase de primero siempre se producen discusiones sobre quién debe ser el primero de la fila cuando van a la piscina, al polideportivo o a la biblioteca. Al final, el maestro decide colgar una lista con los nombres de todos los niños en la puerta: a partir de ahora, cada día ocupará el primer lugar en la fila un niño diferente: el nombre de este niño se marcará con una cruz en la lista. Puesto que ahora se ha establecido una norma de verdad justa, hay un tema menos de discusión entre los niños.

En el transcurso de ese mismo curso, una de las alumnas de esa clase, Bárbara, se rompe una pierna. Durante semanas no puede salir con los demás al patio. Para que no se aburra, cada día uno de sus compañeros se quedará con Bárbara en la clase durante el recreo. ¿Quién? Eso deberá decidirlo Bárbara, pero cada día debe ser un niño distinto. Los compañeros de Bárbara se esmeran en realizar esa tarea. Al cabo de unos días surge la primera pelea: Bárbara ha elegido ya dos veces a la misma compañera, mientras que a otros todavía no los ha elegido ninguna vez. Al día siguiente, Bárbara escribe una lista con los nombres de todos los niños que quieren hacerle compañía durante el recreo. Ahora sigue de forma sistemática esta lista. Durante todo el tiempo en que tiene que permanecer escayolada, no vuelve a haber ninguna pelea.

Bárbara demuestra con ello ser una alumna capaz de aprender: se ha dado cuenta, con gran acierto, de que su problema se parece al que tenía su maestro y adopta su forma de solucionar el conflicto. Por supuesto, la condición previa para ello es su disposición a permitir que a cada niño le llegue su turno. El mejor modo de poder hacerlo lo ha aprendido de su maestro.

Aprender a escuchar

Cuando los alumnos entran en conflicto entre ellos, es frecuente que recurran al maestro para solicitar su ayuda. Por lo general, esperan que el maestro descubra quién es el culpable y lo riña o lo castigue. Esto, en realidad, no siempre es fácil. A menudo se le echa la culpa al niño que con cierta frecuencia se ha distinguido por su actitud conflictiva.

Thomas Gordon propone para este tipo de situaciones el método antes descrito de escuchar de forma activa. El maestro deja hablar a los dos contendientes. Él mismo renuncia a expresar su propia valoración de la situación. En lugar de eso, intenta descifrar los mensajes emocionales que se esconden detrás de las cosas que dicen los alumnos. De esta manera les proporciona palabras clave que ayudan a los alumnos a darse cuenta de sus propias emociones y de las de su contrincante. Cuando se dan estas condiciones, frecuentemente los propios niños encuentran la solución a su conflicto. Para ilustrar esto, recurrimos de nuevo a un caso que hemos extraído del libro de Gordon *La nueva asamblea familiar* y que hemos retocado en cuanto al lenguaje.

Anne, una alumna de cuarto, no es nada apreciada por sus compañeros porque siempre los hace enfadar. Nadie quiere sentarse a su lado. Tampoco Laura quiere trabajar con Anne en un trabajo que les ha tocado hacer juntas:

ANNE: Señora Schwarz, Laura no quiere sentarse a mi lado y ayudarme a hacer el trabajo del mapa.

LAURA: Es que con Anne no se puede trabajar bien. Sólo quiere charlar y hacer tonterías y siempre me llena de garabatos mi ficha de trabajo.

SEÑORA SCHWARZ: Al parecer, tenéis un problema. Me gustaría escuchar las dos versiones. Quizás juntas podríamos encontrar una solución.

ANNE: Primero Laura ha dicho que quería sentarse a mi lado, pero ahora ya no quiere. En realidad no quería. Sólo lo ha dicho para que yo fuera simpática con ella y para creerse muy buena. Pero yo quiero de verdad hacer el trabajo con ella.

LAURA: Yo también quería de verdad hacer el trabajo contigo, pero tú siempre estropeas mis cosas y entonces yo no puedo terminar a tiempo. A ti tu trabajo te da igual y quieres que yo haga lo mismo.

SEÑORA SCHWARZ: Anne, a ti te gustaría que Laura fuera tu compañera en este proyecto, pero vosotras dos no os lleváis bien. Laura, tú has dicho que quieres trabajar con Anne, pero te resulta difícil porque Anne no se toma en serio el trabajo. ¿Se os ocurre alguna solución para vuestro problema?

ANNE: Laura podría tener más paciencia y ayudarme.

LAURA: Yo podría sentarme en otro sitio y que trabajáramos cada una por su cuenta.

ANNE: Podríamos separar nuestras mesas.

LAURA (no muy en serio): Podría escribirle a la madre de Anne una nota diciendo que su hija es insoportable.

ANNE (con seriedad): Podría decirle a la madre de Laura que su hija siempre se cree perfecta.

LAURA: Anne podría sentarse de una vez, dejar de hacer tanto teatro y hacer de una vez su trabajo.

ANNE: Laura podría esperar hasta que yo llegue a la parte en la que ella ya está trabajando.

LAURA: Podríamos intentarlo juntas.

ANNE: Podríamos intentarlo otra vez... y, si no funciona, podríamos separar nuestras mesas.

Con la ayuda de la maestra, estas dos niñas han descubierto algo acerca de las emociones de la otra. Gracias a esto, la situación ha cambiado: puesto que las emociones están sobre la mesa, las niñas pueden ponerse de acuerdo e iniciar un intento serio de trabajar juntas.

Empatía y respeto

Último día de clase antes de las vacaciones de Semana Santa: los alumnos y alumnas de la clase 8a no piensan ya más que en las vacaciones. Dan por supuesto que las clases van a transcurrir de forma más relajada. En efecto, durante la primera hora asisten a la proyección de una película. En la segunda hora tienen inglés. El profesor de inglés está muy decidido a seguir avanzando en la materia. A sus preguntas, los alumnos reaccionan sin ganas, algunos responden a propósito diciendo disparates. Moritz —que no es precisamente una lumbrera en inglés— debe traducir: «Me gusta la comida que hay aquí. El pescado y las patatas del churrero son deliciosos.» Para hacer reír a sus compañeros, Moritz cambia el significado de *food* (comida) por el de *foot* (pies), esforzándose en ecentuar la pronunciación de la *t*: «*I like the foot here. Fish and chips are great.*» La clase estalla en carcajadas. El profesor se indigna: «¿Qué es lo que haces tú en un centro donde se estudia el bachillerato? ¡Lo único que haces es ocupar una plaza que otro podría aprovechar mejor! ¡Nunca conseguirás pasar la selectividad! ¡Deberías pensar en cambiar de centro de enseñanza!» Moritz no deja traslucir su consternación. Pero se siente como si le hubieran dado un mazazo en la cabeza.

Al negar a Moritz sus posibilidades de llegar a la selectividad, el profesor da un duro golpe a su autoestima. Su crítica es hiriente, exagerada y despectiva. El hecho de que todo esto suceda además delante de toda la clase, todavía lo agrava más. Y una observación al margen: el profesor no ha demostrado precisamente tener sentido del humor.

Por supuesto, los alumnos habían estado provocando al profesor durante un buen rato. Aun así, un profesor con más *feeling* no habría dejado que la situación llegara a esos extremos. Se habría mostrado comprensivo con el estado de ánimo de los alumnos previo a las vacaciones. Para sacar, a pesar de todo, el máximo partido a su hora de clase, habría planificado para ese día un tema o una forma de trabajo que motivara a sus alumnos: por ejemplo, una canción de éxito en inglés o prácticas de vocabulario en el ordenador. Es muy probable que los alumnos, a pesar del ambiente de fiesta, hubieran colaborado y el desagradable incidente no habría tenido lugar.

Sería, por supuesto, ingenuo, suponer que los profesores pueden evitar siempre y en todo momento el comportamiento provocativo de los alumnos mostrando comprensión. Al fin y al cabo, los profesores no pueden ni tienen que tener siempre en cuenta las necesidades de los alumnos. Es necesario poner ciertos límites. El nivel de ruido en la clase debe permitir a cada alumno concentrarse en el trabajo; los deberes en casa son necesarios para practicar las materias aprendidas; en el patio del colegio deben respetarse determinadas normas para reducir al mínimo el riesgo de que se produzcan accidentes.

Sin embargo, la necesidad de establecer ciertos límites no incluye la necesidad de tener que demoler la autoestima de los alumnos. Es correcto que el profesor llame la atención a Moritz, pero no es correcto que lo reprenda a él como representante de todos los «alborotadores». Y la amonestación también habría podido formularse de manera que no se vulnerara la autoestima de Moritz. El profesor habría podido reaccionar, por ejemplo, con una broma («¿Con qué guarnición prefieres comer pies?»). De esta manera habría sabido mantenerse en consonancia con el estado de ánimo de la clase; se habría evitado el infructuoso enfrentamiento. Después habría podido exigir a Moritz, con toda calma pero con firmeza, que hiciera la traducción correcta de la frase.

El manejo constructivo de las situaciones problemáticas exige de los profesores una gran cantidad de cualidades emocionales:

- Respeto por los alumnos, lo que les impide ser hirientes incluso cuando están enfadados o en el trato con alumnos difíciles.
- La capacidad de manejar la propia indignación.
- Un sentimiento de autoestima estable que les permita no convertir cada provocación de los alumnos en un ataque personal.
- La capacidad de ponerse en el lugar de los alumnos y comprender sus motivos.
- El conocimiento de que el tono que emplean en el trato con los alumnos actúa sobre el desarrollo emocional de los mismos.

Los alumnos que tienen profesores inteligentes, desde el punto de vista emocional, disfrutan más asistiendo a la escuela, aprenden sin pasar miedo alguno y van edificando una sana autoestima. Pero, sobre todo, la postura humana del profesor trasciende a ellos.

Un estudio estadounidense investigó las repercusiones que tenían los seminarios en los que se enseñaba a los maestros a comportarse con empatía en el trato con los alumnos y a evitar todo tipo de comentarios despreciativos. Se observó un incremento en la autoestima entre los alumnos, un aumento del rendimiento escolar, una mejora de la creatividad, un descenso de las faltas de asistencia y, sobre todo, una disminución de los problemas relacionados con la disciplina. Los profesores que saben ponerse en el lugar de sus alumnos, y les salen al paso con respeto, contribuyen a que la jornada escolar esté menos marcada por la rabia, el miedo y la frustración. El ambiente, en general, es menos agresivo. Y los profesores empáticos contagian a sus alumnos su actitud ante la vida: el tono en el trato se hace más humano.

Por el contrario, los profesores que se enfrentan con regularidad a sus alumnos con desprecio, no deben sorprenderse de que sus discípulos pisoteen sin consideración alguna las emociones de sus compañeros más débiles: cuando se burlan sin piedad de los más torpes, durante la clase de deporte, o califican a un alumno que ha sacado una mala nota de «idiota con el cerebro amputado».

Nuevo concepto de la enseñanza

¿Qué hace usted cuando quiere aprender a usar un nuevo programa de ordenador, cumplimentar su declaración de renta o prepararse para dar una conferencia? Se prepara una taza de café y se instala cómodamente en un sofá con sus papeles; pone un disco compacto con música relajante; se pasea por la habitación o se instala en un cómodo asiento delante de su pantalla.

En todo caso, usted da por supuesto que puede crear una atmósfera que se corresponda con sus necesidades personales. Usted establece dónde, durante cuánto tiempo y en qué condiciones se dedicará a ese tema.

Por lo general, los niños, en el transcurso de su horario escolar, no pueden hacerlo. A menudo su vida escolar cotidiana responde poco a sus necesidades: clases y edificios escolares sobrios y fríos, la obligación de permanecer siempre bien sentados y quietos, los temas han sido establecidos de antemano y de forma estricta, las sillas son incómodas, están sometidos a la presión de las notas y tienen el tiempo libre marcado y limitado. Todo esto no contribuye precisamente a que se sientan a gusto en su trabajo.

Aprender en la escuela es todavía en muchas clases un puro aprendizaje mental. Las emociones son más bien algo a lo que no se da ninguna importancia. Pero la realidad va alcanzando de forma creciente a los centros de enseñanza: a la vista de los déficits emocionales y sociales con los que muchos niños llegan a la escuela, los centros de enseñanza no pueden seguir limitándose por mucho más tiempo a hacer de exclusivos transmisores de conocimientos. Si el objetivo de la escuela es de verdad preparar para la vida, deberá contribuir al desarrollo de toda la personalidad de los alumnos. Desde hace algunos años, las directrices y los planes de estudio de la escuela básica van en esa dirección. Pero es de suponer que, antes o después, también las escuelas superiores tendrán que cambiar su forma de pensamiento y no podrán seguir limitándose a los aspectos lógico-matemáticos y lingüísticos de la inteligencia.

El aprendizaje integral

El aprendizaje integral no sólo abarca el intelecto, sino que hace referencia también a la emoción, a la intuición y a la acción en el proceso de aprendizaje. La idea no es nueva: aprender «con la cabeza, el corazón y las manos» era lo que defendían pedagogos como María Montessori, Célestin Freinet o Peter Petersen ya en el primer tercio de nuestro siglo. Los llamados pedagogos reformistas, con su concepción de la enseñanza, eran contrarios a la escuela puramente racional centrada en los libros, las materias y el estudio mecánico, propia del siglo XIX, y buscaron nuevos caminos para estimular a la gente joven en su desarrollo. Su objetivo central era el desarrollo de todas las capacidades del niño, es decir, intelectuales, creativas, emocionales, sociales y motrices. Veían el camino para conseguirlo en nuevas formas de impartir las clases que apostaran por la participación espontánea de los alumnos: las propias experiencias y descubrimientos ocupan el lugar de las clases magistrales y de los conocimientos condensados en los libros.

Los descubrimientos de la moderna investigación del cerebro vienen a respaldar las exigencias de los pedagogos reformistas en favor de una enseñanza que incluya todos los aspectos del ser humano. Al fin y al cabo, el cerebro no sólo rige los procesos mentales, sino también, y en igual medida, los movimientos corporales, los órganos sensoriales y las sensaciones emocionales. En su mayoría, los métodos tradicionales de enseñanza parten de una disociación de esas diferentes regiones cerebrales y, por lo tanto, no hacen justicia al funcionamiento real del cerebro. Nadie negará, por ejemplo, que no sirve de mucho haber asimilado todos los conocimientos necesarios para presentarse a un examen si entra en juego el miedo y provoca un bloqueo.

La respuesta de la moderna pedagogía a los más recientes descubrimientos de la investigación del cerebro y a las actuales condiciones sociales, es la *clase abierta*. Bajo esta divisa se reúnen diferentes nuevos conceptos de la enseñanza: el trabajo en un proyecto, el trabajo libre, la planificación semanal del trabajo, un aprendizaje que va mas allá de la clase. El concepto de «clase abierta» tiene como objetivos, además de la transmisión de conocimientos, el desarrollo de las competencias emocionales y sociales: la experiencia de que aprender es un placer; el estímulo de la autonomía, de la propia responsabilidad y del propio control; la puesta en práctica de los intereses y capacidades individuales; edificar una autoestima estable; el desarrollo de toda la personalidad; el desarrollo de las capacidades sociales. Tal y como sucede en los modelos de enseñanza de los pedagogos reformistas, la autodeterminación y la participación espontánea del alumno es el alfa y el omega de todos los conceptos que giran entorno de la «clase abierta».

En la actualidad, a diferencia de lo que sucede con la pedagogía de la reforma, la «clase abierta» no es un caso aislado: al principio, y todavía en parte, ridiculizada como «pedagogía del rinconcito», la «clase abierta» ha llegado a consolidarse: desde principios de la década de los años noventa, las directrices básicas del Ministerio de Enseñanza recomiendan de forma explícita incluir en el sistema de enseñanza formas abiertas de aprendizaje en las clases que se imparten en escuelas estatales. Cada vez hay más profesores que orientan su trabajo en función de estos nuevos conceptos. Muchas editoriales ofrecen ya materiales adecuados. En la formación de los profesores y en los cursos de perfeccionamiento que se les ofrecen, los conceptos de la «clase abierta» ocupan ya un sólido lugar.

El trabajo en un proyecto

Quizá recuerda todavía el patio de su escuela, donde transcurrían los recreos cuando era un colegial: si tuvo suerte, recordará un campo donde jugar al fútbol, en el que no todas las caídas acababan con las rodillas sangrando. Es posible que recuerde una superficie pavimentada o esfaltada donde estaba prohibido correr a causa del peligro de lesiones. Sigue habiendo patios de escuela que no son tan agradables para los niños como un parque de juegos: cambiar esta situación sería un posible objetivo para un proyecto.

Los proyectos se ocupan siempre de una situación real de la vida: reformar un triste patio de escuela, crear una revista escolar, escribir o preparar un musical.

El objetivo del proyecto es obtener un resultado con un valor real de utilidad o de comunicación: el nuevo patio beneficia a todos los alumnos; los padres, los profesores y los alumnos compran y leen el periódico escolar; los ingresos obtenidos con la representación del musical sanean la caja de la clase o financian un nuevo proyecto.

A menudo, los proyectos abarcan varias disciplinas escolares: la remodelación del patio, por ejemplo, requiere actividades relacionadas con asignaturas como la formación artística (pintar los campos de juego), los talleres (montar los aparatos de juego), las matemáticas (medir y calcular las áreas), lengua (formular los reglamentos para la utilización de cada una de las zonas de actividad).

Los proyectos abarcan cuatro fases: establecimiento del objetivo, planificación, ejecución y valoración. En la medida de lo posible, todas las fases serán realizadas por los alumnos; el profesor asume el papel de un asesor y moderador. En todas las fases del proyecto, además de los objetivos cognitivos, se hacen realidad también objetivos emocionales y sociales.

Para el *establecimiento del objetivo* del proyecto se pueden adoptar sugerencias de profesores, alumnos o padres, o también puede haber surgido como consecuencia de una situación insatisfactoria; por ejemplo, un patio poco atractivo. Lo importante es que el establecimiento del objetivo vaya orientado a algo útil y sea aceptado por la mayoría de los alumnos. Gracias a esta condición, muchos de los alumnos que participan en el proyecto tendrán una vivencia que pocas veces pueden tener en temas que están ya prescritos por los planes de estudio, los libros de enseñanza o los profesores: la experiencia de que el esfuerzo y la implicación pueden producir alegría y satisfacción. ¡Un paso muy importante en el camino que conduce a la adquisición de la capacidad de motivarse a sí mismos!

En la *fase de planificación* los alumnos discutirán el proceso a seguir y distribuirán los trabajos que hay que hacer: ¿Qué aspectos parciales abarca el tema? ¿Cómo procederemos? ¿Quién asume qué tarea? ¿Qué materiales necesitamos? ¿Cómo conseguiremos los materiales? ¿Quién trabaja con quién? ¿Quién tiene qué cualidades concretas, útiles para cada parte del proyecto?

La fase de planificación entrena la capacidad de comunicación: escuchar, argumentar, convecer es lo que hay que hacer. En esta fase, a menudo pueden destacar también alumnos cuyos rendimientos escolares son poco brillantes, y que, sin embargo, resultan ser maravillosos talentos para la organización o creativos artistas.

Por lo general, la *ejecución* se lleva a cabo en grupos de proyecto que trabajan en diferentes objetivos parciales, bajo su propia dirección: un grupo diseña campos de juego, otro construye figuras de ajedrez, un tercero construye un andamio para trepar.

De esta manera, los alumnos aprenden a desarrollar la destreza social: a unificar los diferentes intereses; a renunciar al trabajo en solitario y a tirar todos de la misma cuerda; a asumir responsabilidades; las necesidades individuales encuentran limitaciones, y los niños y jóvenes aprenden en la práctica a superar estas limitaciones. Los resultados del trabajo están en relación directa con el propio rendimiento y, por lo tanto, fortalecen enormemente el sentimiento de la autoestima.

Valoración.—Durante la ejecución de los trabajos que requiere la realización del proyecto se examinarán de forma crítica el modo de proceder, los resultados parciales y la situación de los grupos. Al final, se examinará en detalle el producto terminado. La fase de ejecución y los problemas que hayan ido surgiendo se analizarán de nuevo. Durante estos análisis, los alumnos ejercitan la capacidad de manifestar sus críticas de forma adecuada y aprenderán a su vez a aceptar críticas y saber encajarlas.

Trabajo libre

Las clases en las que se practica el trabajo libre se reconocen a primera vista. Pueden verse diferentes rincones de trabajo, separados de forma óptica del resto de la clase: un rincón para leer, un rincón para las matemáticas, un rincón para lengua, un rincón para inglés. Sofás, almohadones, alfombras, mesas de grupo crean una agradable atmósfera; de ahí el prejuicio ante la «pedagogía del rinconcito». En cada rincón hay estanterías o mesas con los más adecuados libros, diccionarios, revistas, material de observación, ficheros, hojas de trabajo, juegos educativos. Algunos materiales los aportan incluso los mismos alumnos, por ejemplo, libros especializados, artículos de revistas, juegos educativos para realizar experimentos, fotos. Otros materiales son financiados por el presupuesto de la escuela o por la asociación de padres.

A determinadas horas, los alumnos pueden elegir con toda libertad, de entre la oferta existente, las actividades (de aprendizaje) que en ese momento más les apetezcan: leer un libro, hacer una ficha de ejercicios de matemáticas, intentar un juego de ortografía, informarse sobre un tema especializado, o rellenar un crucigrama en inglés. Ellos deciden además si quieren estudiar solos, con otro compañero o en un grupo. También la elección del lugar de trabajo se deja a los niños: pueden trabajar en una mesa de grupo, en el suelo o en su pupitre. Los niños pueden controlar ellos mismos muchos de los resultados de sus trabajos; en caso contrario, los presentan al profesor. Los alumnos califican los trabajos realizados.

Durante el trabajo libre, el profesor les da mano libre. Pero esto no covierte su presencia en innecesaria, sino que le otorga otro papel y nuevas tareas: preparar el material, organizar, motivar, animar, aconsejar, contestar preguntas, moderar conversaciones entre los alumnos.

Además de los efectos en cuanto al aprendizaje de conocimientos, el trabajo libre permite un montón de experiencias de aprendizaje emocionales:

- El aprendizaje libre es divertido.
- El aprendizaje libre requiere responsabilidad: hacer una tarea hasta el final; controlar los resultados; aumentar el nivel de exigencia.
- El aprendizaje libre requiere respeto: mantener el nivel de ruidos dentro de unos límites aceptables; tratar el material de trabajo con cuidado; renunciar a un material deseado.
- El aprendizaje libre entrena las capacidades que se requieren para trabajar en equipo: ayudarse mutuamente para conseguir un buen resultado; solventar conflictos sin poner en peligro el objetivo común.

Omisiones que tienen graves consecuencias

¿QUÉ SUCEDE CUANDO FRACASA la educación emocional? ¿Qué pasa cuando un niño no desarrolla una autoestima estable, no aprende a aceptar sus decepciones, está dominado por sus miedos o no puede controlar de forma adecuada su ira? Los efectos a largo plazo de las carencias emocionales en la pareja, en el trabajo y en la salud ya se han descrito. Pero los problemas pueden ir todavía más allá: violencia, consumo de drogas, enfermedades de adicción —son las fatales consecuencias, tanto para el individuo como para la comunidad en la que vive— de una carencia de competencia emocional.

Agresividad y violencia

Un niño de ocho años y uno de siete se pelean. De pronto el más joven de ellos saca una navaja y la clava con tanto ímpetu que la hoja se parte.

Cuando aparecen noticias como ésta en los periódicos, nos horrrizamos y nos preguntamos qué es lo que ha ido mal en el desarrollo de los niños que actúan con violencia. La culpa podría atribuirse a múltiples factores: la presión en las escuelas exigiendo resultados, las familias divididas, la pérdida de valores, el trabajo fuera de casa de ambos padres, el paro. No hay duda de que estas circunstancias suponen una carga; generan miedo al fracaso, soledad, decepción, tristeza, rabia. Pero esto no significa que los afectados tengan que convertirse a la fuerza en vándalos, camorristas o navajeros. Aquellos que han aprendido a manejar sus frustraciones y a sentir empatía no echarán mano de un arma, ni siquiera cuando experimenten grandes fracasos.

Violencia sin compasión

El psicólogo estadounidense Robert Hare, en el transcurso de un estudio sobre la violencia, examinó la emotividad de delincuentes violentos psicopáticos. Los psicópatas fueron conectados a electrodos y se les dijo que serían sometidos a electrochoque. Ante esta información no mostraron ningún tipo de reacción fisiológica de miedo como sudoración, aumento de la frecuencia cardiaca o aceleración del pulso. Al parecer, no estaban en situación de imaginarse los dolores que les esperaban. Y menos todavía podían imaginarse los miedos y tormentos de sus víctimas. De ahí que, en su caso, falte cualquier umbral inhibitorio que pudiera detenerlos antes de hacer daño a los demás.

Su absoluta falta de empatía convierte a los psicópatas en los delincuentes violentos más peligrosos. También en muchas personas violentas, psíquicamente «normales», la capacidad de ponerse en el lugar de los demás es muy reducida. El miedo y el dolor de sus víctimas, por lo menos mientras están perpetrando la agresión, no les hace sentir la menor compasión.

Sabemos que son decisivos para el desarrollo de la empatía los lazos con las primeras personas de referencia. Cuando los padres no están en situación de reaccionar con empatía a las emociones de su hijo, puede deberse a causas externas: grandes cargas, falta de un respaldo social o una relación perturbadora con la pareja. Pero a menudo también faltan las condiciones emocionales previas para aceptar al niño y armonizar las necesidades del niño con los propios intereses.

Quien siembra violencia...

... es difícil que coseche apacibilidad. Los niños a quienes se pega a menudo tienden más adelante a hacer también uso de la violencia y cometen con más frecuencia delitos punibles.

Los hijos de padres agresivos aprenden, por imitación, a resolver los conflictos por medio de la violencia. Se dan cuenta de que sus padres, cuando están encolerizados o decepcionados, reaccionan con mucha rapidez de forma agresiva. Así que ellos utilizan las mismas estrategias de reacción cuando se ven asaltados por la ira. No han conocido otros mecanismos, como mantener una conversación para aclarar el asunto; no disponen de los modelos de comportamiento constructivo para poder manejar su indignación. Además, sus propias experiencias les confirman que «utilizando la violencia se alcanza el objetivo». Cuando sus padres les han pegado para castigarlos por un determinado comportamiento —por ejemplo, hacer novillos en la escuela—, por lo menos durante un tiempo no han vuelto a repetir ese comportamiento. No hay que sorprenderse, por lo tanto, cuando estos niños reaccionan también de forma agresiva en cuanto alguien de su edad muestra un comportamiento que a ellos los enoja.

Los niños agresivos frecuentemente se convierten en marginados de su grupo de referencia social —en el parque, en el grupo del parvulario, en su clase—; los niños que no quieren meterse en peleas, se mantienen alejados de ellos. La consecuencia es que los «camorristas» experimentan con frecuencia la frustración y el aburrimiento; y ambos factores favorecen las sucesivas agresiones. Muchos de los jóvenes que son detenidos por cometer actos vandálicos justifican sus actuaciones con motivos como «la diversión» o «el aburrimiento». Detrás de la violencia de los niños marginados suele encontrase también la búsqueda de reconocimiento y de respeto: un reconocimiento negativo es para ellos mejor que no obtener ninguno en absoluto.

Por lo tanto, en muchos casos los castigos no tienen sentido. Al contrario: se viven en cierto modo como algo positivo. Un castigo significa atención, aunque sea de signo cambiado. Los niños y jóvenes que, por causa de su carencia de capacidades sociales, no están integrados en su grupo de referencia, suelen encontrar la atención y la integración que han estado echando de menos durante largo tiempo en grupos en los que las acciones violentas son la base de su programa. Dentro de esos grupos ven confirmado su comportamiento agresivo, puesto que justo es ese comportamiento lo que les hace obtener el respeto de los demás.

Para transmitir a los jóvenes estrategias pacíficas para la solución de problemas, los profesores de una escuela integrada han desarrollado un nuevo sistema: el arbitraje ejercido por alumnas y alumnos. Cuando se producen conflictos, los alumnos de más edad asumen el papel de moderadores en las conversaciones encaminadas a encontrar una solución. La idea procede de Estados Unidos, donde, en algunos estados, los jóvenes someten a juicio a otros jóvenes que se han hecho merecedores de un castigo, llevan las negociaciones y establecen la pena. «Hablar en lugar de pegar» es la lección que pueden aprender los jóvenes con este sistema.

Negligencia emocional

De acuerdo con las más recientes investigaciones neurobiológicas, el abandono y las experiencias violentas durante la infancia modifican la química del cerebro. Cuando los niños sólo son atendidos de forma mecánica pero no reciben ninguna atención emocional, en el cerebro de esos niños «se tienden alambradas bioquímicas», tal y como lo expresa el psiquiatra estadounidense Craig F. Ferris, de la Universidad de Massachusetts. Lo mismo sucede cuando se pega a los niños con frecuencia. Más adelante, esos cambios que se producen en el cerebro pueden desencadenar explosiones de violencia. A esta hipótesis se ha llegado por medio de experimentos con animales. Se ha comprobado que en el cerebro de ratas recién nacidas que han sido acariciadas y bien atendidas se forman más receptores especiales que en ratas a las que no se ha prestado ninguna atención. En una investigación realizada con macacos, se les administró una cantidad muy reducida de una sustancia estimulante. Los monos que habían crecido sin madre reaccionaron de forma agresiva. A los monos que crecieron bien atendidos el medicamento no les hizo perder la calma.

Es poco frecuente que los niños que han recibido poco amor desarrollen una emotividad estable. Tienden a tener una imagen negativa de sí mismos, ya que, de forma inconsciente, buscan en sus propios defectos y carencias la causa de la poca atención de los padres. La poca confianza en uno mismo conduce a una visión pesimista. Los fracasos se atribuyen a la propia incapacidad: ellos mismos, por ejemplo, justifican sus malas notas en el colegio con su falta de talento. No ven una posibilidad de mejorar los resultados; por ejemplo, mediante una participación más activa en clase o poniendo más empeño en los ejercicios. Los fracasos se repiten, la imagen negativa de uno mismo se ve confirmada constantemente: se crea un círculo vicioso. El fracaso frecuente engendra frustración y miedo; emociones que son potenciales desencadenantes de un comportamiento agresivo.

Para dar a los niños y los jóvenes algo más de «calor de hogar» y salir así al paso de sus actividades violentas, se inició en 1991, en el barrio de Moisling de la ciudad de Lübeck, un proyecto experimental. Las escuelas, los padres, el departamento de juventud, las entidades deportivas, la policía y la iglesia trabajaron juntos en la idea: se organizaron para los niños encuentros a mediodía y por la tarde, que incluían también la oferta de un servicio de asesoramiento para hacer los deberes. Los profesores preparaban junto con los alumnos la comida del mediodía, se elaboró un proyecto para la publicación de un periódico y se organizó un circo infantil. Los resultados de esta experiencia, al cabo de cuatro años, demuestra que el ambiente en la escuela ha mejorado y que la violencia se ha reducido.

Pegar por frustración

¿Ha estado alguna vez a punto de dar patadas a una máquina de cigarrillos después de haber echado dos veces el dinero correspondiente y no haber obtenido los cigarrillos ni haber recuperado su dinero? Y ¿no tienen a veces la tentación de coger a su pareja y golpearla cuando se siente del todo incomprendido?

En la mayoría de las personas, los acontecimientos frustrantes desencadenan de vez en cuando la necesidad de golpear algo o incluso a alguien. Una necesidad ante la que la mayoría de la gente no cede; su escala de valores, su propio respeto, el miedo a las consecuencias, se lo impide. ¿Qué hacer, sin embargo, con la frustración? Algunos lanzan un plato contra la pared, otros reaccionan desahogándose en la práctica de algún deporte, otros más se consuelan yendo de compras o desfogan su frustración con un buen amigo. Sea como fuere, superan la emoción de la decepción sin perjudicar o herir a otras personas.

Los niños, los jóvenes y los adultos que no conocen ninguna vía útil para soportar y controlar sus emociones fruto de la decepción, tienden más bien a ejercer la violencia. En su vida efectiva falta, por decirlo de alguna manera, el rebosadero. Cuando las cosas van mal, se producen inundaciones. A menudo no tienen o no han tenido ningún ejemplo a seguir. Cuando los padres reaccionan ante las frustraciones de forma violenta, muchos niños adoptan este modelo de comportamiento.

Pero hay también otro modelo educativo —en algunos casos incluso elegido con la mejor de las intenciones— que favorece la baja tolerancia a la frustración: los padres que no pueden o no quieren decir «no», que están dispuestos a ceder ante cualquier deseo de su hijo, que renuncian de todas sus propias necesidades y evitan a sus hijos cualquier dificultad, evitándoles así las decepciones. Pero de esta manera los privan de experiencias con las cuales el niño podría ejercitar importantes cualidades emocionales. Supongamos que su hijo tiene miedo ante un examen que tiene que hacer en el colegio, porque no ha estudiado bastante. Puede ahorrarle la mala nota llamando al colegio el día del examen, diciendo que el niño está enfermo. Dejando de lado que con esa mentira no se estimula precisamente la honestidad del hijo, el niño también perderá así la oportunidad de aprender una importante lección emocional: aprender a enfrentarse a un fracaso.

Alcohol y drogas

Alrededor de 2,5 millones de personas en Alemania tienen adicción al alcohol. Trescientas mil de ellas son niños y jóvenes. Cada año son ingresados en los hospitales 6.000 personas jóvenes con una intoxicación alcohólica. El 4 por 100 de todos los escolares están bajo la amenaza del alcohol. El 90 por 100 de todos los jóvenes de entre diez y quince años toman alcohol, al menos de vez en cuando.

Se calcula que el número de drogodependientes en Alemania se encuentra entre 100.000 y 200.000. Desde finales de la década de los años ochenta el número de fallecimientos causados por la droga ha aumentado de forma continuada. Alrededor del 25 por 100 de niños y jóvenes han probado ya alguna vez drogas ilegales; en la mayoría de los casos, hachís y marihuana. Alrededor del 5 por 100 de todas las personas jóvenes son drogodependientes. Desde 1994, en el consumo de drogas de la gente joven juegan un importante papel las nuevas drogas sintéticas como el éxtasis: alrededor de 100.000 jóvenes toman de vez en cuando estas drogas llamadas de diseño.

¿Qué empuja a las personas a la adicción?

Los científicos están de acuerdo: las adicciones siempre son causadas por el efecto combinado de muchos factores. A menudo, las condiciones de vida onerosas son los desencadenantes externos de los problemas de adicción: una situación familiar inestable, problemas en el matrimonio o la separación de los padres, la adicción de uno de los padres al alcohol, los problemas escolares, los problemas propios de la pubertad, la pérdida del lugar de trabajo, el exceso de presión profesional. También los aspectos sociales son corresponsables: el consumismo de la sociedad del bienestar; la falta de orientación debida a la creciente pérdida de valores y normas tradicionales; el anonimato en las grandes ciudades, los bloques de viviendas, las grandes escuelas; el desarraigo causado por la gran movilidad.

Sin embargo, ninguno de los factores citados hasta ahora conduce de manera inevitable al abuso del alcohol o de las drogas. No todos los niños que sufre el divorcio de sus padres se convierten en adictos a las drogas. No todos los adultos que se quedan en el paro recurren al alcohol. No todas las personas que cambian a menudo de lugar de residencia caen en una adicción. No todos los hijos de padres adictos al alcohol se convierten en alcohólicos. El hecho de que, en efecto, las personas reaccionen o no ante experiencias insufribles con comportamientos adictivos, depende de forma decisiva de su capacidad de manejar —desde el punto de vista emocional— las situaciones y experiencias difíciles.

Cómo actúa el alcohol sobre las emociones

Los psicólogos están de acuerdo en que el alcohol se utiliza como remedio para superar emociones molestas. El consumidor crónico de alcohol no intenta superar las circunstancias de vida problemáticas generadoras de estrés (por ejemplo, la separación de la pareja), sino los estados emocionales negativos que de ello resultan (por ejemplo, la soledad, la amenaza que pesa sobre el sentimiento de autoestima).

El consumo de alcohol reduce la atención sobre uno mismo. Las personas que se prestan a sí mismas una atención exagerada, reaccionan ante los fracasos con tremendas dudas sobre sí mismos. Tienden a ver exclusivamente en sí mismos toda la culpa: «Lo he hecho todo mal. Si yo fuera más interesante, más atractivo, más alegre, si tuviera más éxito, etc., nunca habríamos llegado a separarnos.» Ya que bajo la influencia del alcohol la percepción de uno mismo se reduce, la persona afectada puede (de forma pasajera) librarse de la valoración negativa que hace de sí mismo.

Lo que se dice o se hace bajo la influencia del alcohol puede atribuirse a los efectos del mismo. Las personas ansiosas de alcanzar el éxito temen perder imagen en situaciones en las que se sienten desbordadas. Cuando, en esas situaciones, recurren al alcohol lo hacen para, en último extremo, poder atribuir el posible fracaso a los efectos del alcohol: «Si no me hubiera tomado las dos copas de champán, también habría podido mantener una conversación tan amena como Max.» De esta manera protegen el mantenimiento de su propia imagen.

Todo el mundo sabe que el alcohol desata la lengua. Las personas que en el trato con los demás se muestran tímidas, retraídas o agarrotadas, temen la marginación social o, de hecho, ya están haciendo un papel marginal. Para relajarse en situaciones sociales —por ejemplo, cuando van a una discoteca o en una fiesta de la empresa— echan mano del alcohol.

El alcohol, en reducidas cantidades, levanta el estado de ánimo: con un reducido consumo de alcohol se liberan las beta-endorfinas. Las beta-endorfinas son transmisores de recompensa del cerebro que causan sensación de euforia y reducen la vivencia del estrés. Las personas con un estado de ánimo básico poco positivo intentan mejorar el mismo a base de alcohol. El hecho de que esto suceda con el primer vaso de vino los lleva a tomar un segundo y un tercer vaso. Pero entonces, cuando aumenta el consumo de alcohol, se reduce enormemente la producción de beta-endorfinas. Sin embargo, las personas afectadas intentan que se produzca de nuevo el efecto positivo inicial del alcohol: el consumo del alcohol aumenta y se repite.

¿Cómo actúan las drogas ilegales sobre las emociones?

Entre las drogas ilegales (como también entre las legales) hay que distinguir las drogas naturales y las sintéticas. Las drogas naturales se basan en sustancias vegetales: hachís, marihuana, LSD, mescalina, cocaína, opio, morfina, heroína, etc. En los últimos años están adquiriendo una importancia cada vez mayor las drogas sintéticas, elaboradas mediante procedimientos químicos, como, por ejemplo, el éxtasis.

Las drogas manipulan los procesos de percepción y los estados de ánimo: los opiáceos (opio, morfina, heroína) generan euforia al principio y luego una sensación de relajación. La cocaína produce emociones de felicidad y una intensa necesidad de actividad. Los alucinógenos como el LSD y la mescalina producen percepciones irreales.

El consumidor de drogas tiene la sensación de una aparente superación del problema: puede reducir su estrés interior, influir sin esfuerzo y de forma positiva sobre sus estados de ánimo y obtener un aumento del rendimiento, que se percibe de forma subjetiva. Además de la dependencia física, se produce la dependencia psíquica: el adicto adquiere una dependencia del estado emocional al que lo transporta la droga, y que él no está en situación de poder generar de ninguna otra forma.

Factores de riesgo emocionales

Quien sabe ponerse a sí mismo de buen humor, será menos propenso a buscar la sensación de felicidad en el alcohol o en la cocaína. Y quien está en situación de manejar emociones negativas, como el miedo, la decepción y la ira, no necesita —en situaciones de estrés— ningún opiáceo.

Es distinto cuando se trata de personas que tienen carencias emocionales: a menudo no disponen de suficientes estrategias para superar situaciones problemáticas. Con mucha más frecuencia que las personas estables desde el punto de vista emocional, tienden a refugiarse en una adicción.

Escasa tolerancia a la frustración.—Se ha comprobado que a menudo los drogodependientes tiene padres que se distinguen por su proteccionismo. Los niños a quienes se evitan toda clase de dificultades no desarrollan el autocontrol adecuado: nunca se les anima a superar los momentos difíciles. Como se los ha mantenido lo más alejados posible de las dificultades, han tenido pocas oportunidades de enfrentarse a los fracasos y a las decepciones, pero también han tenido pocas oportunidades de fortalecer su autoestima superando un problema por sí mismos. En el futuro tendrán una mayor tendencia a tomar drogas cuando se vean confrontados con situaciones difíciles. «La principal puerta de entrada a la adicción —según el investigador Klaus Hurrelmann— es la necesidad de reprimir algo desagradable y proporcionarse experiencias en apariencia mejores.»

Escaso calor de hogar.—Las personas que en su primera infancia apenas han experimentado amor y protección, a menudo tienen problemas para aceptarse a sí mismos: quien no es amado se considera a sí mismo indigno de ser amado. Muchas personas que en su infancia no han experimentado ninguna relación fiable tampoco consiguen más adelante establecer lazos estables. Su confianza en sí mismo y en los demás es escasa: les falta la confianza innata y, con ello, la condición previa para enfrentarse a la vida con valor. Puesto que no pueden encontrar ninguna satisfacción a partir de ellos mismos, satisfacen su anhelo de emociones de felicidad en la borrachera de las drogas.

COLECCIÓN PSICOLOGÍA Y AUTOAYUDA